plant

AUGENWEIDE · DER GARTEN DER GÄRTEN

ANDRÉ HELLER · JULIA KOSPACH

AUGENWEIDE

DER GARTEN DER GÄRTEN

VERLAG CHRISTIAN BRANDSTÄTTER

«Jeder Grashalm hat seinen Engel,
der sich über ihn beugt und flüstert:
‹Wachse, wachse›.»

Talmud

«Sind die Gärten Schatten, die der Paradiesgarten auf die Erde wirft? Wir wissen es nicht. Wir wissen nur, daß der Garten in Korrespondenz mit der Paradiesseite des menschlichen Wesens steht, mit unserer Fähigkeit, uns das Paradies vorzustellen und von ihm zu träumen.»

Dzevad Karahasan

«In einem Garten ging die Welt verloren, in einem Garten ward sie erlöst.»

Blaise Pascal

Carex

Carex

«Willst du ein Leben lang glücklich sein,
dann werde Gärtner.»

Chinesisches Sprichwort

«Ein Garten ist eine einzige Schatzsuche, die
Pflanzen die Schnitzeljagd.»

Derek Jarman

Gott der Allmächtige pflanzte zuerst
einen Garten, und in der Tat ist dies die
reinste aller menschlichen Freuden: es ist die
größte Erfrischung für unseren Geist ohne
welchen alle Gebäude und Paläste
nur rohe Machwerke sind.

Francis Bacon, 1620

تو نیز هم رها کن بدین روز سخت
نه هنگام مکر است و جای گریز
سپهدار از و بستد آن بست و بند
بیا تا برم پیش حیدر ترا

«Es ist ganz gleich, ob ein Garten klein oder groß ist, was die Möglichkeit seiner Schönheit betrifft, so ist seine Ausdehnung so gleichgültig, wie es gleichgültig ist, ob ein Bild groß oder klein, ob ein Gedicht zehn oder hundert Zeilen lang ist.»

Hugo von Hofmannsthal

«Der Mensch schafft Gärten, um zu verwirklichen, dauernd oder vergänglich, was ihm als eine unstillbare Sehnsucht vorschwebt, eine versagte Welt.»

Rudolf Borchardt

«Bringet mich wieder nach Hause!
Was hat ein Gärtner zu reisen?
Ehre bringt's ihm und Glück,
wenn er sein Gärtchen versorgt.»

Johann Wolfgang von Goethe

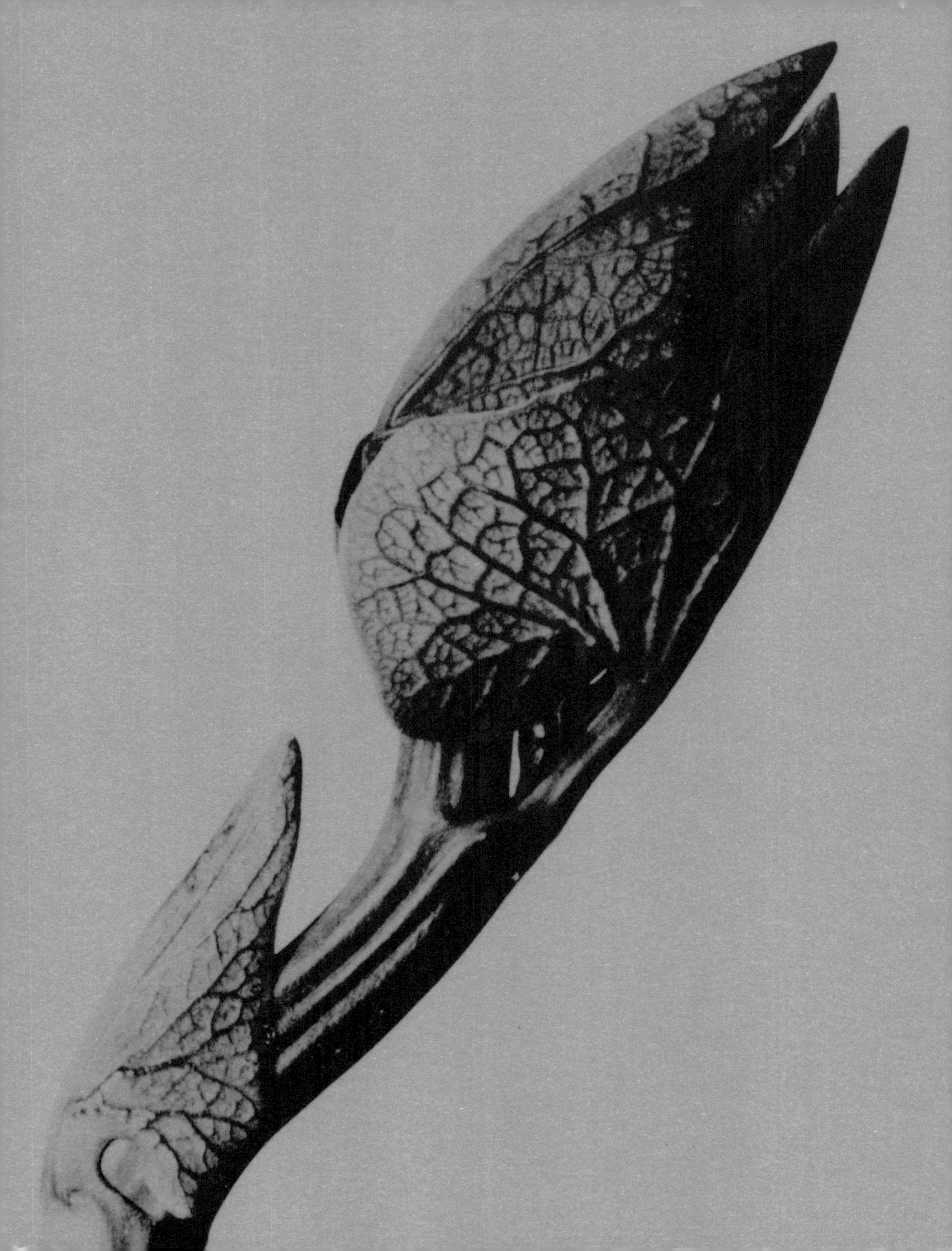

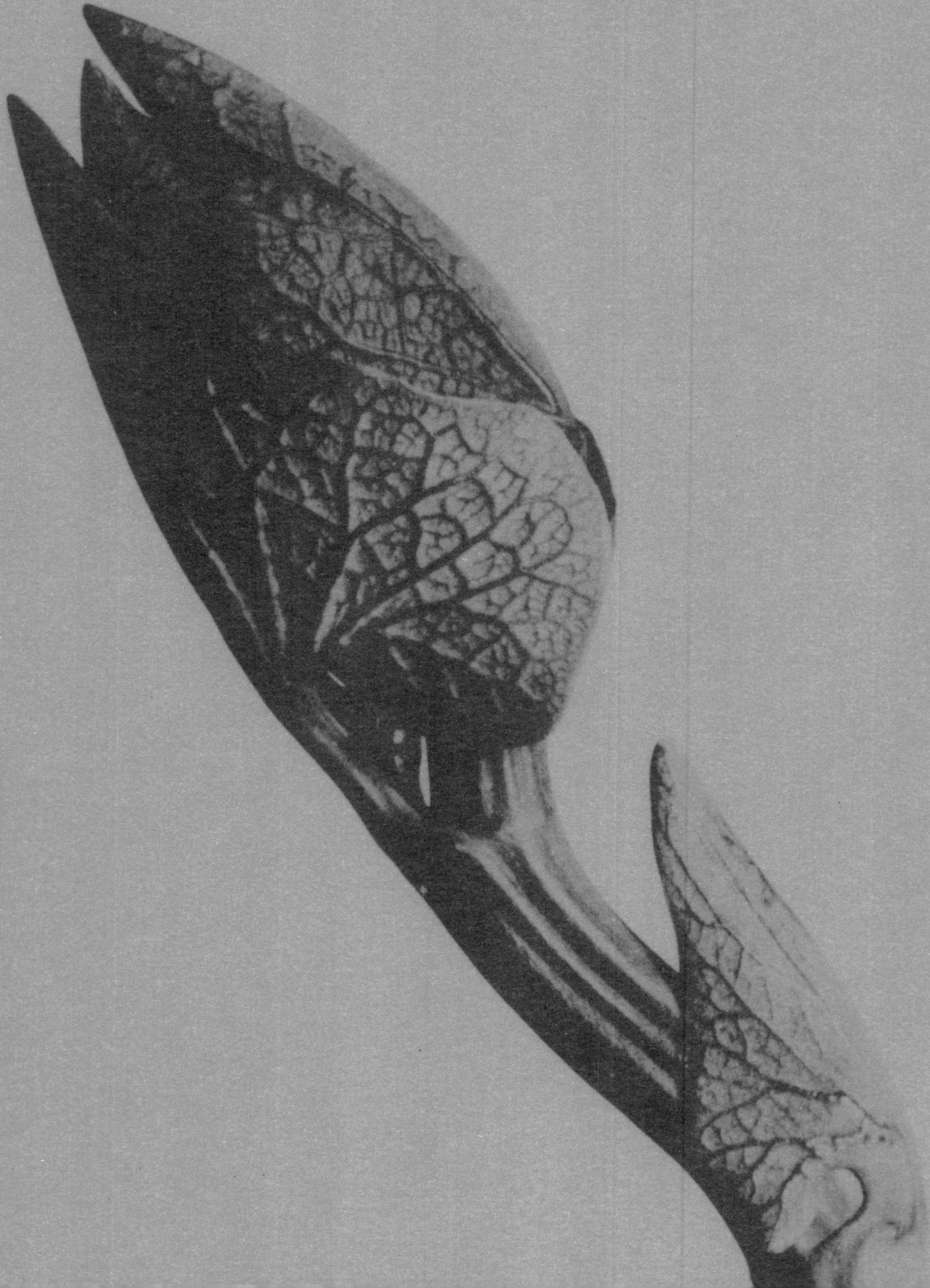

«Ich wandle unter Blumen
Und blühe selber mit;
Ich wandle wie im Traume
Und schwanke bei jedem Schritt.»

Heinrich Heine

«Sobald es regnet, sagst du, dein Garten bekomme den Regen ab; sowie die Sonne scheint, ist es dein Garten, auf den sie strahlt; ist es Nacht, so freust du dich, daß dein Garten in ihrem Schatten liegt.»

Karel Capek

«Es ist die Freiheit der Bäume,
nach der wir uns sehnen.»

Hermann Fürst von Pückler-Muskau

VORBEMERKUNG

Von André Heller

Das größte aber ist die Liebe. Die meine gilt vor allem beseelten Wesen, der Musik und Gärten. Für den ersten bedeutenden, mir bekannten Gartenbesitzer halte ich den biblischen Gott, der so heikel auf sein Paradies war, daß er wegen des widerrechtlichen Genusses eines einzigen seiner Äpfel unter mehr als fadenscheinigen Begründungen die sofortige Schließung des Territoriums für Besucher veranlaßte. Dies ist allerdings mit Sicherheit nicht vorbildlich. Das Schöne und Gelungene muß man, so werde ich nicht müde zu glauben, mit anderen teilen. Erst dann wird es in einem höheren Sinn wahr. Wir aus dem Paradies Vertriebene haben naturgemäß Heimweh danach. Wie alle Entwurzelten sind wir auf der steten Suche nach dem abhanden gekommenen Glück. Was läge näher, als es aus eigener Kraft noch einmal herstellen zu wollen.

Irdische Gärten sind solche Glücksversuche. Verzweifelte Bemühungen, der Grobheit und Häßlichkeit, der Ungenauigkeit und Unsinnlichkeit, dem Lärm und der Lächerlichkeit des Menschengetues mit einem Gegenentwurf zu begegnen. Ehrlich gesagt rette ich mich von Liebesgeschichte zu Liebesgeschichte. Mit ihnen verlängere ich selbst meine Aufenthaltsgenehmigung auf diesem Stern, die mir meine Melancholien und der Ekel vor der fast alles versiegelnden Dummheit immer wieder entziehen wollen. Den Gärten verdanke ich in diesem Zusammenhang viel. Sie bedeuten mir die Möglichkeit des Auszitterns. Nirgendwo, mit der Ausnahme des Lachens meines Sohnes, finde ich mehr Inspiration. Sie sind auch

schamanistische Inszenierungen, die verläßlich imstande sind, ihren Frieden, wenigstens für Stunden, auf mich zu übertragen.

Immer wieder träume ich vom idealen Park, der die Summe alles Gelungenen darstellt, das mich auf meinen lustvollen Erkundigungen in den Revieren der botanischen Schönheit beeindruckte. Verwirklichbar ist solch eine weltumspannende Unternehmung allerdings nur als Film oder Buch. Diese sollte wahrheitsgemäß den Titel tragen, der ihrer Funktion am ehesten entspricht: «Augenweide».

In Julia Kospach traf ich die vergnüglichste und kompetenteste Spielkameradin für diese Art von Verrücktheit. Sie weiß wahrscheinlich mehr über Pflanzen und Gartenkunst als das gesammelte Kollegium der Universität für Bodenkultur. Gemeinsam mit dem Graphiker Stefan Fuhrer haben wir wochenlang im Juli und August 2002, inmitten meines italienischen Dschungels, aus Tausenden Photographien das eklektische Kompendium montiert, das Sie in Händen halten. Mögen Sie darin auf Ihren gelegentlichen Durchblätterungen Erbauung und Anregung finden. Vielleicht inspiriert es Sie auch, Ihre ganz persönliche Variation des Themas selbst zu wagen.

DAS GARTENSPIEL

Von Julia Kospach

Nicht der Wille des Gärtners, sondern sein genauer Blick bringt eine Pflanze dazu sich zu entfalten. Das Leben unter Pflanzen ist eine große Schule des Schauens. Eine Schule, die ihrem Wesen nach ohne Zwang auskommen muß. Wer Pflanzen zwingen will, entfernt sich von ihnen im allzu schroffen Versuch, sich ihnen zu nähern. Sie brauchen einen Menschen, der sie jeden Tag mit leidenschaftlicher

Anteilnahme beobachtet, der sich für sie interessiert und sie fördert, indem er ihnen eine Umgebung schafft, in der sie sich entwickeln können.

Am Anfang ist ein Garten nicht mehr als ein Raum voller Ideen und Träume. Eine diffuse Sehnsucht nach Farben, Gerüchen, Blüten und Mustern. Um dieses Traumbild legt sich mit der Zeit der Rahmen des Möglichen. Am ehesten gleicht das Anlegen eines Gartens wahrscheinlich dem Schreiben eines streng formalen Gedichts, dessentwegen man sich freiwillig Beschränkungen unterwirft: Die Form, in die sich der Gärtner fügt, besteht aus der Landschaft, in der er seinen Garten anlegt, aus dem Klima und der Beschaffenheit der Erde, in die er seine Pflanzen setzt. Die Pflanzen entsprechen in diesem Bild den Worten des Gedichts. Wie diese füllen sie die durch die Umgebung eines Gartens festgeleg-

te Form aus. Der Gärtner ist frei, den Grundton zu wählen, in dem sein Garten erklingen soll. Er wählt den Rhythmus, in dem Licht und Schatten aufeinandertreffen, das Zusammenspiel von Gerüchen und Farben, von Blattwerk und Blüten. Die Form bedeutet keine Einschränkung der gärtnerischen Phantasie. Im Gegenteil: Sie führt zu Konzentration, Stil und Dichte.

In diesem Licht besehen, wird aus der Arbeit im Garten ein Kunsthandwerk, ein Spiel mit Regeln, innerhalb derer sich der Garten entwickelt. In einem Garten ist nie alles möglich. Deshalb ist das Ziel des Gärtners auch nie die Annäherung an das Unmögliche, sondern er macht das äußerst Mögliche zum Ideal. Die Entstehung eines Gartens unter diesen Vorzeichen ist das Anregendste überhaupt. «Nicht der Gärtner ist es, der der Natur einen Garten abgetrotzt hat, sondern der Garten hat sich einen Gärtner gefunden, der an seinem Zustandekommen leidenschaftlich interessiert ist», schreibt die österreichische Schriftstellerin Barbara Frischmuth. Das ist die erste Lektion, die Pflanzen ihren Freunden erteilen.

Kein im Garten verbrachter Tag vergeht ohne lange Momente, in denen man völlig von sich selbst absieht. Auch wenn man einen Garten nur kurz durchwandert, geschieht das. Arbeitet man darin, wird diese Wirkung noch verstärkt. Es ist wie ein Abtauchen in ein Universum, in dem die Selbstbetrachtung an Bedeutung verliert. An ihre Stelle tritt die Betrachtung eines Ortes und seiner Pflanzen. Dieses Abgleiten geht sanft, unmerklich vor sich, es scheint nichts Geheimnisvolles daran zu sein, und trotzdem strahlt es zurück auf das Ich, das sich gerade in den Gedanken oder im Kümmern um eine Pflanze verloren hat. In Momenten selbstvergessener Gartenarbeit wird der Garten zu einer ganzen neuen Welt: neu bevölkert, neu beschaffen, mit neuen Regeln und Möglichkeiten und mit einem neuen Zeitgefühl. Es ist wie in dem Kinderbuch von Maurice Sendak *Wo die wilden Kerle wohnen,* das mit den Sätzen beginnt: «An dem Abend, als Max seinen Wolfspelz trug und nur Unfug im Kopf hatte, schalt seine Mutter ihn. ‹Wilder Kerl!› ‹Ich fress dich auf›, sagte Max, und da mußte er ohne Essen ins Bett. Genau in der Nacht wuchs ein Wald in seinem Zimmer – der wuchs und wuchs, bis die Decke voll Laub hing und die Wände so weit wie die ganze Welt waren.» Ein Garten funktioniert wie dieses Kinderzimmer. Was immer der Unfug war, den man beim Eintreten im Kopf gehabt haben mag, der Garten ist der Ort des Gedankenwechsels. Seine Grenzen – egal wie klein er sein mag – dehnen sich immer weiter ins Unendliche. Das langsame Lebens-

tempo des Gartens überträgt sich auf die, die sich in ihm bewegen. Darin liegt eine große Qualität und Befriedigung.

Die Beziehung zu einem Garten ist unmittelbar und körperlich. Die Hände arbeiten. Die Augen schauen. Man denkt nichts als das, was die Sinne wahrnehmen und was die Hände als nächstes tun werden. Die Hände graben, häufen Erde um einen frisch gesetzten Rosenstock auf, zupfen welke Blätter von den Ranken einer blauen Trichterwinde, lockern mit einer Gartenkralle die von Wind und Sonne hart gewordene Erde im Topf einer weißen Datura, binden die langen Triebe der Clematis hoch. Sie schneiden Äste ab, wühlen Knollen aus der Erde und zupfen Unkraut aus Blumentöpfen. Die Pflanzen entwickeln sich, der Gärtner lernt, indem er ihnen jeden Tag aufs neue seine Dienste zur Verfügung stellt. Während es in seinem Garten wächst, kann er weiter pflanzen, graben und

nach seiner Phantasie gestalten. Er verbessert und verändert. Jeden Tag erfindet er im kleinen einen Teil seines Gartens neu. Und er findet seinen Garten täglich neu vor. Mit beinahe jeder seiner Pflanzen befindet er sich in einem stetigen Dialog. Der Rhythmus dieses Zwiegesprächs mag variieren – mit einigen Pflanzen beschäftigt man sich bei jedem Gang durch den Garten, andere verfolgt man weniger aufmerksam, weil sie einem beigebracht haben, daß sie nicht ständig bedacht werden wollen und sich am besten in selbstgewählter Unabhängigkeit entwickeln.

Der Gärtner legt einen Samen in die Erde, und jeden Tag überprüft er die Stelle, an die der Samen gelegt wurde. Er beobachtet den Keimling, der eines Morgens die Erdoberfläche durchstößt, sieht wie sein Stengel kräftiger und saftiger wird, wie die noch zarte Pflanze beginnt, sich zu verästeln. Er lernt, wieviel Wasser sie braucht und wieviel Licht, wie sie auf Wind reagiert und auf den Schatten, den andere Pflanzen auf sie werfen. Langsam und behutsam bekommt er Einsicht in ihre Bedürfnisse. Und irgendwann spürt er, daß seine Beobachtungen in Erfahrungen umgewandelt werden. Er hat Wissen angehäuft, und mit einem Mal gewinnt er Einsicht in das, woraus gärtnerisches Können besteht. Er wird klüger und umsichtiger, macht weniger Fehler, irrt sich seltener in den Orten, an die er seine Pflanzen setzt. Sein Griff wird sicherer, seine Wahl bestimmter, beinah schlafwandlerisch. Und eines Tages geht er zum ersten Mal an einem Sprössling vorüber und erfaßt im beiläufigen Vorübergehen, daß die Umstände, die er ihr zugedacht hat, tatsächlich klug gewählt sind. Er weiß es. Er muß es nicht erklären. Die Pflanze sieht nicht anders aus als am Tag davor. Er weiß es trotzdem. Das ist ein tief empfundenes Gefühl von Zufriedenheit, und es ist eine weitere Lektion, die der Garten seinem Menschen erteilt.

Die Phantasien, mit denen Menschen ihre Gärten aufladen, sind so vielgestaltig wie diese Menschen selbst. Dem Maler Claude Monet ging es um das endlos vielschichtige Spiel von Licht und Schatten in seinem Garten im französischen Giverny. Vita Sackville-West, Autorin historischer Romane, Gärtnerin und Gartenschriftstellerin, empfand ihren verwilderten Garten von Sissinghurst Castle anfangs als ein Dornröschen, das von ihr wachgeküßt werden wollte. Dem englischen Filmemacher und Maler Derek Jarman wurde sein herber, in rauher Küstennähe angelegter Garten zum Symbol für den Widerstand gegen die tödliche Krankheit, die seinen Körper schwächte, während sein Garten an Schönheit, Lebendigkeit und Kraft gewann. Nach vollkommener Harmonie

streben japanische Gärten und kommen dabei nicht selten mit einem Minimum an organischen Elementen aus. Verspielt wollten es die Gärtner des Barock, nach strenger Geometrie sehnten sich die französischen Gartenarchitekten des 17. Jahrhunderts. «Sie sind ein glücklicher Mensch, Le Nôtre», sagte Ludwig XIV. zu seinem Lieblings-Landschaftsgestalter André Le Nôtre, dem Schöpfer der Gärten von Versailles. Und ich denke, man darf sich den leidenschaftlichen Gärtner tatsächlich als glücklichen Menschen vorstellen; zumindest für die Zeit, die er in seinem Garten und mit den Gedanken an diesen verbringt.

SM

OGNI PENSIER

O VOLA

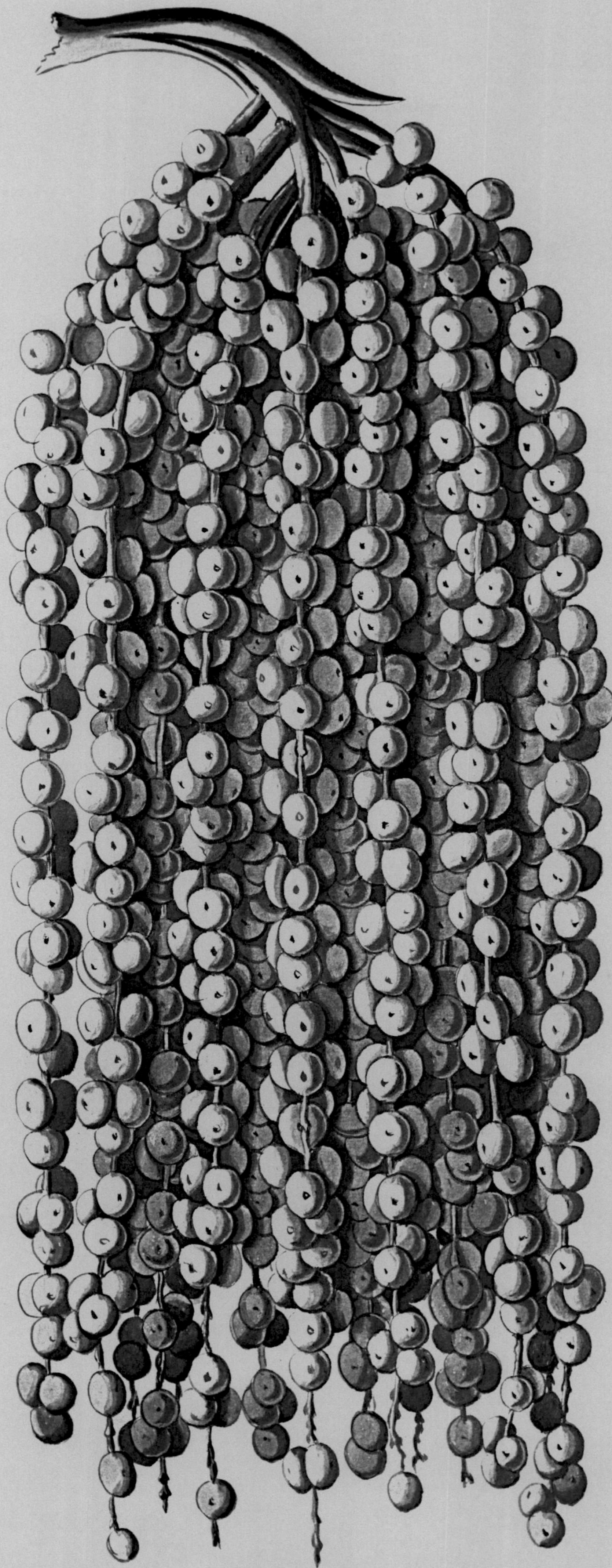

HM

JUST

DER DICHTER JAMES BALDWIN BESTAUNT
JULI 91

قردمانا
قنه
دارصيني
قردمانا
قنه
دار صيني
دوقو
فو
اصل السوس
دوقو
فو
اصل السوس

MISTRAUE DER IDYLLE!

PELOUSE
INTERDITE

Copernicia tectorum

OK

53.
l
m
n
o
p
2
a
b
c
d
e
F
G
H
i
K

PTEROCARYA
FRAXINIFOLIA
1978

F. Bauer fec

TWENTY

Klee
1918.76.

FLORUM
Fasciculus Tertius
Dritter Blumen Theil:
so Maria Sibilla Gräffin
nach den Leben gemahlet,
und ins Kupffer gestochen.
Zufinden in
Nürnberg
Bey Joh: Andr: Graf-
fen Mahlern.
A°. 1680.

Alhambra, Granada, Spanien

Die Alhambra, eine ursprünglich aus dem 9. Jahrhundert stammende befestigte Zitadelle, liegt im Osten der spanischen Stadt Granada auf einem Plateau oberhalb des Darro-Tals. Im 14. Jahrhundert wurde sie unter dem Nasridenherrscher Mohammed ben Al-Ahmar zur königlichen Residenz ausgebaut. Sie gilt gemeinsam mit der in unmittelbarer Nähe liegenden Anlage des Generalife als die eindrucksvollste maurische Gartenanlage Spaniens. Die Alhambra besteht aus einer Reihe miteinander verbundener Gebäude, Höfe und Gärten, wobei die Gärten die verschiedenen, immer wieder erweiterten und umgestalteten Gebäude miteinander verbinden. Der islamischen Tradition folgend sind die Gärten der Alhambra vor allem Wassergärten. Brunnen, Wasserbecken oder Pavillons markieren die Achsen und Fluchtpunkte dieser Hofgärten. Im berühmten *Patio de los Leones*, dem Löwenhof, markiert ein von zwölf Löwen getragenes Wasserbecken das Zentrum des schmalen, rechteckigen Hofs. Die vier Wasserrinnen, die zu diesem zentralen Brunnen führen, speisen sich aus vier Wasserbecken, die in den Steinboden des von schmalen Alabastersäulen und reicher floraler Stukkatur bestimmten Portikus an den vier Seiten des Hofs versenkt sind. Der Übergang zwischen Innen- und Außenraum ist fließend.

Abbildungen auf den Seiten 201, 234/235

Barnsley House, Barnsley, Gloucestershire, Großbritannien

Rosemary Verey, geboren 1918, ist eine der großen englischen Gärtnerinnen des 20. Jahrhunderts; ihr Garten in Gloucestershire gilt als eines der gelungensten Beispiele für einen klassischen Cottage Garden. Verey ist eine Vertreterin des «Arts and Crafts Gardening», einer von der Malerei ausgehenden Bewegung, die großen Wert legt auf die harmonische Einheit von Haus und Garten, auf die Wiederbelebung traditioneller Techniken der Gartenkunst und die Verwendung alter und landschaftstypischer Pflanzensorten. Barnsley House, das im Jahr 1697 erbaute Haus von Rosemary Verey in den Cotswolds, steht im Zentrum ihres 1,6 Hektar großen Gartens, den sie ab 1960 nach ihren Stil-Vorstellungen gestaltete. Die Elemente des Gartens spiegeln Vereys umfangreiches Wissen über die Geschichte der Gartenkunst: ein Knotengarten aus ineinander verschlungenen Buchsbaum- und Gamanderhecken, ein kleiner Tempel aus dem 18. Jahrhundert, Parterres, Wege aus roten Ziegeln, zwei wunderschöne Alleen, ein von in Form geschnittenen Eiben flankierter Zistrosenweg, farblich und strukturell subtil abgestimmte Staudenbeete und Rabatten, dekorative Ziergemüsebeete, ein Kräutergarten und wie eine naturbelassen wirkende Wildnis.

Abbildungen auf den Seiten 8/9, 132/133

Giardino di Boboli, Florenz, Toskana, Italien

Mitte des 16. Jahrhunderts entwarf Niccolò Tribolo die Boboli-Gärten hinter dem Palazzo Pitti in Florenz für Cosimo I. de' Medici. Obwohl die Gärten immer wieder als Beispiel barocker italienischer Gartenkunst genannt werden, stammen ihre Ursprünge noch aus der Renaissance. Ursprünglich führte die Hauptallee des Gartens von der Mittelachse des Palazzo aus in das kleine Tal, schnitt es in zwei gleiche Hälften und endete auf einer Anhöhe an einem Wasserbecken. Ein symmetrisch angelegtes Wegenetz schuf – unter geschickter Ausnützung der natürlichen Amphitheaterform des Geländes – an den Hängen des Gartens eine Reihe von bepflanzten Gartenräumen. Im Lauf der Jahrzehnte wurde diese strenge Symmetrie allerdings aufgegeben und die Anlage verwandelte sich immer stärker in einen Barockgarten, der nun viel stärker von architektonischen Elementen geprägt wurde. *La Grotta Grande*, die große dreiräumige Grotte der Boboli-Gärten, die in den Jahren 1583–93 entstand, ist der spektakulärste Grottenbau dieser Epoche. Sie hat die Zeitläufte unverändert überdauert.

Abbildung auf Seite 102

Casa de Pilatos, Sevilla, Spanien

Bis ins 16. Jahrhundert pflegte das christliche Spanien in seiner Baukunst den sogenannten Mudejar-Stil, in dem sich islamische Traditionen mit jenen der italienischen Renaissance verbinden. Eine noch ganz im Mudejar-Stil gebaute Anlage ist die der Casa de Pilatos in Sevilla, ein herzögliches Wohnhaus im Zentrum der Stadt. Haus und Garten verschmelzen zu einer Einheit, die Gärten erscheinen als offene Wohnräume, die den brunnen- und blumenverzierten Zimmern im Inneren des Hauses ähneln. Innen- und Außenraum verschmelzen miteinander. Den doppelten Säulenhof der Casa de Pilatos schmücken vier antike Göttinnen, die der erste Herzog von Alcalá aus Italien mitgebracht hatte, wo er das Amt des Vizekönigs von Neapel innehatte. Kaiserbüsten und ein Janusbrunnen sind weitere Hinweise für das Interesse an italienischer Kunst. Um 1640 gestaltete Benvenuto Tortella den größten Gartenbereich der Anlage, den *Jardin Grande*, von einem Obst- und Gemüsegarten in einen Ziergarten um, der von einem Wegkreuz in vier Bereiche unterteilt wird. Später wurde die Anlage um elf buchsbaumgesäumte Beete mit Blumen und Obstbäumen ergänzt.

Abbildung auf Seite 103

Chatsworth, Bakewell, Derbyshire, Großbritannien

Chatsworth, einer von Großbritanniens großartigsten Landschaftsgärten, der Ende des 17. Jahrhunderts entstand und über 150 Jahre lang stetig umgestaltet wurde, weist eine Reihe von Besonderheiten auf, u. a. die über tiefe Stufen einen mehr als dreihundert Meter langen Hang hinunterstürzende Wasserkaskade. Gartenhistorisch am bedeutsamsten ist aber zweifellos das Gewächshaus von Chatsworth, *The Great Stove*, das in den Jahren 1836–40 gebaut und kurz nach dem Ersten Weltkrieg fast völlig zerstört wurde. Zu seiner Zeit die größte Glaskonstruktion der Erde wurde es zum vielbestaunten Vorbild Dutzender anderer Gewächshäuser und diente seinem Konstrukteur Joseph Paxton, dem begnadeten Hauptgärtner von Chatsworth Mitte des 19. Jahrhunderts, als Muster seiner Konstruktion des Glaspalasts für die Weltausstellung 1851. Paxton ergänzte und erweiterte in Chatsworth Parterres im französischen Stil, legte ausgedehnte Baumpflanzungen an und entwarf den *Emperor-Brunnen*, dessen Fontäne bis zu 88 Meter hoch ist. Das neue Gewächshaus aus dem Jahr 1970 beherbergt die Riesen-Wasserlilie *Victoria amazonica*, die erstmals auf britischem Boden 1949 in Chatsworth blühte.

Abbildung auf den Seiten 22/23

The Beth Chatto Gardens of Unusual Plants, Elmstead Market, Essex, Großbritannien

Beth Chattos Kiesgarten ist eines der erfolgreichsten Gartenexperimente der letzten Jahre und besitzt mittlerweile den Status eines modernen Klassikers der Gartenkunst. Er ist ein Lehrstück in Sachen standortgerechter Bepflanzung. 1991 begann Beth Chatto, eine der renommiertesten Gartengestalterinnen und Gartenbuchautorinnen Englands, auf dem 0,35 Hektar großen Parkplatz ihres Hauses einen Kiesgarten anzulegen. Die üppige Vegetation eines ausgetrockneten Neuseeländischen Flußbetts hatte die Idee dazu in ihr entstehen lassen. Der Boden ihres Gartens besteht aus Kies und Sand, die Niederschlagsmenge ist die geringste in ganz Großbritannien. Chatto gestaltete ihren Garten nach einem wohlüberlegten Prinzip von «trial and error»: Sie suchte und experimentierte mit – vor allem – Wildpflanzen, die ohne Bewässerung und Düngung unter den gegebenen Boden- und Standortbedingungen gedeihen sollten. In Chattos Gartenanlage aus langen, gewundenen Rabatten, Wegen und großen, von Kies umrahmten Inselbeeten fügen sich heute zu jeder Jahreszeit trockenheitsverträgliche Stauden, Zwiebelpflanzen, Gräser und Sträucher zu einem in Struktur, Form und Farbe harmonischen Bild, das einem reich gemusterten Teppich gleicht.

Abbildungen auf den Seiten 44/45, 244/245

Château de Courances, Essonne, Frankreich

Die Gartenanlage des Château de Courances in Essonne folgt dem klassischen Design eines französischen Gartens des 17. Jahrhunderts: Sie besitzt eine zentrale, die Schloßanlage durchkreuzende Blickachse. Das Schloß aus der Zeit Ludwigs XIII. liegt umgeben von Wassergräben wie auf einer Insel. Eine Reihe von platanengesäumten Kanälen führt darauf zu. Wasserbecken von ungewöhnlicher Klarheit und spiegelglatter Oberfläche wie der große rechteckige *miroir d'eau* am Fuß der südlichen Broderie-Parterres mit ihren ornamentalen Buchsbaumhecken, der *Grand Canal* oder die berühmten *Kleinen Kaskaden* fügen sich in Courances zu einer Wassergartenlandschaft von großer Schönheit. Das meisterliche Design wird immer wieder André Le Nôtre, dem Schöpfer der Gärten von Versailles und Vaux-le-Vicomte, zugeschrieben. Nachdem der Garten im 19. Jahrhundert zu verfallen drohte, wurde er von Baron de Haber gekauft. Dessen Tochter, die spätere Marquise de Ganay, beauftragte in den Jahren vor dem Ersten Weltkrieg den bekannten Gartendesigner Achille Duchêne mit der Restaurierung des Gartens nach klassisch-französischem Vorbild. Östlich des Schlosses ergänzte Duchêne den Garten um einen hufeisenförmigen Kanal und ein Wasserbecken mit einer Statue der Nymphe Arethusa. Etwa zur selben Zeit entstand im nordwestlichen Teil des Parks ein japanischer Garten.

Abbildungen auf den Seiten 26/27, 96/97, 107 unten

Dawnridge, Beverly Hills, Kalifornien, USA

Mit Dawnridge schuf der Star unter den amerikanischen Designern Tony Duquette (1914–1999) eine ungeheuer verspielte und einfallsreiche Garteninsel fernöstlich-exotischen Stils mitten in Kalifornien. In einem tiefen Tal seines Grundstücks errichtete er aus thailändischen und indonesischen Holzbauten ein asiatisches Dorf, dessen neun Häuser zumeist auf Pfählen über einem Fluß stehen und durch eine Reihe von hölzernen Stegen und Stiegen miteinander verbunden wurden. Eine dschungelartige Vegetation und hohe Eukalyptusbäume umwachsen und überwuchern dieses phantastische Ensemble, das Duquette zudem mit vielen aus Fundstücken gefügten Skulpturen und wunderlichen Phantasiebauten dekorierte. Insgesamt wirkt Dawnridge wie die Filmkulisse zu einem Fantasy-Film.

Abbildungen auf den Seiten 306, 358

Désert de Retz, Chambourcy, Frankreich

Der Désert de Retz im französischen Chambourcy ist die eigenwillige und wunderliche Park-Kreation des Baron de Monville (1734–1797). Der kaufte das Grundstück 1774 und investierte in den fünfzehn Jahren bis zum Ausbruch der Französischen Revolution sein riesiges Vermögen in die Gestaltung der Anlage. Inspiriert wurde der Désert de Retz von der Leidenschaft seines Besitzers für den «Jardin anglo-chinois». De Monville füllte seinen Garten mit einer Reihe romantisch und exotisch anmutender architektonischer Elemente: Als Wohnhaus ließ er sich ein Gebäude errichten, das halb wie eine riesenhafte abgebrochene Säule, halb wie eine romantische, dem Verfall preisgegebene Ruine anmutet. Außerdem finden sich über die Parkanlage verstreut ein chinesisches Haus aus Teakholz, ein Eiskeller in Pyramidenform, ein Pan-Tempel, die Ruinen einer gotischen Dorfkirche und ein Freilufttheater. Zu de Monvilles Zeiten wurden im Désert de Retz geheizte Glashäuser für seltene und empfindliche Pflanzen und ein Modell-Bauernhof, auf dem der Baron sich landwirtschaftlichen und botanischen Experimenten hingab, unterhalten. In den zwei Jahrhunderten nach der Französischen Revolution verfielen Park und Gebäude zusehends. Ab 1986 wurde der Désert de Retz allerdings umsichtig restauriert und präsentiert sich heute wieder wie zu Lebzeiten des Barons de Monville.

Abbildung auf Seite 169

Villa d'Este, Tivoli, Latium, Italien

Der Garten der Villa d'Este in Tivoli, dreißig Kilometer östlich von Rom, gilt als der bedeutendste und zugleich am besten erhaltene Renaissance-Garten Italiens. Der Kern der Anlage entstand in den Jahren zwischen 1560 und 1575 und wurde von dem Architekten, Maler und Archäologen Pirro Ligorio für den Besitzer des Anwesens, Kardinal Ippolito d'Este, entworfen. Der Garten liegt am steilen nordwestlichen Hang des Stadthügels von Tivoli, die Villa auf dessen höchstem Punkt. In strenger Symmetrie zur Hauptachse des Hauses zieht sich der Garten in fünf steilen Terrassen den Hügel hinab, um auf den ebenen unteren Garten zu treffen. Diagonale Wege und gerade Seitentreppen verbinden die geometrisch bepflanzten Terrassen untereinander. Die Terrassen verfügen über spektakuläre Brunnenanlagen, über die das Wasser in unterschiedlichen, dramatischen, zauberhaften und verspielten Effekten in den unteren Garten geleitet wird. Auf der dritten Terrasse befindet sich die berühmte *Allee der Hundert Brunnen*, deren schmale Fontänen in einer Dreierreihe angeordnet sind. Als Querachse verbindet diese das riesige Oval des Tivolibrunnens mit seinen zehn Steinnymphen und künstlichen Felsen mit dem gegenüberliegenden Rombrunnen, der *Rometta*, die als Miniatur-Rom mit Gebäuden und den sieben Hügeln angelegt war und heute nur mehr in Fragmenten erhalten ist. Ursprünglich existierten in den Tivoli-Gärten vier Labyrinthe. Quellen aus dem 17. Jahrhundert berichten auch über unterschied-

Für Gerd ! : Tourist: .... Warum? Du bist nur immer im Terrain „Orientale"!

liche Arten von *giochi d'acqua*, mechanisch ausgelösten Wasserspielen, bei denen Besucher von unvermutet ausbrechenden Wasserfontänen überrascht und unterhalten wurden.

Abbildungen auf den Seiten 3, 354/355

Palazzo Farnese, Caprarola bei Viterbo, Latium, Italien

Giacomo Vignola, einer der berühmtesten italienischen Architekten des 16. Jahrhunderts, gestaltete für Kardinal Alessandro Farnese in Caprarola, 19 Kilometer südöstlich Viterbos, den Palazzo Farnese und seine Gärten. Diese repräsentieren gemeinsam mit den Gärten der Villa d'Este in Tivoli und jenen der Villa Lante in Bagnaia, die ebenfalls zwischen 1550 und 1570 entstanden, den Höhepunkt italienischer Gartenkultur im 16. Jahrhundert. In Caprarola entwarf Vignola an der Rückseite des fünfeckigen Gebäudes zwei voneinander getrennte, ummauerte Gartenbereiche. Nach traditionellem, streng regelmäßigem Muster angelegt, sind sie jeweils in vier quadratische Parterres unterteilt, die wieder in vier regelmäßige Beete unterteilt sind. Diesen beiden Gärten folgte in späteren Jahren auf einem Hügel hinter dem Palast der von Girolamo Rainaldi fertiggestellte, weitaus privater anmutende Garten um das *Casino di Piacere*, einem kleinen Gebäude, das dem Kardinal als Refugium diente. Dieser Garten besteht aus mehreren, nach einer zentralen Achse ausgerichteten Terrassen, über deren Brunnen, Kanälchen, Becken und Kaskaden Wasser von Niveau zu Niveau geführt wird.

Abbildungen auf den Seiten 30/31, 264/265, 309

Friedhof-Garten, Tulcan, Ecuador

Der Formschnitt, der Bäume und Sträucher in Skulpturen verwandelt, ist eine Kunst, die bis ins antike Rom und Griechenland zurückreicht. Das 20. Jahrhundert verdankt seine kunstvollsten Formschnitte dem ecuadorianischen Landwirt José Maria Azuel Franco Guerrero (1907–1985). Der Autodidakt begann in den 1940er Jahren mit einer Gruppe von jungen Arbeitern, die er selbst in der Kunst des Formschnitts und dessen aufwendiger Pflege schulte, auf dem Friedhof der kleinen Stadt Tulcan (150 Kilometer nördlich der ecuadorianischen Hauptstadt Quito) Hecken aus der Zypressenart *Cupressus arizonica* in eine Vielzahl von geometrischen, anthropomorphen und zoomorphen Formen zu schneiden. Franco Guerrero legte entlang der Wege des Friedhofs, dessen Tote in Katakomben begraben liegen, Zypressenalleen an und gestaltete Garten-Räume, die durch geschnittene Torbögen zu betreten sind und deren Wände aus präzis geschnittenen Hecken bestehen. Aus diesen Hecken, die lange, blickdichte Mauern bilden, wachsen geometrische Formen wie Quader, Kugeln, Pyramiden oder Obelisken. In einige sind Reliefs geschnitten, die dekorative florale Muster oder stilisierte Gegenstände zeigen. Wieder andere Formschnitte zeigen Porträts südamerikanischer Helden oder Figuren aus der ägyptischen, orientalischen oder aztekischen Mythologie. Einzelne große Bäume sind in Form eines Elefanten oder Astronauten geschnitten.

Abbildung auf den Seiten 310/311

Giardino Botanico, Fondazione André Heller, Gardone Riviera, Lombardei, Italien

Der österreichische Multimediakünstler André Heller kaufte im Jahr 1988 den ehemaligen Botanischen Garten Arturo Hruskas in Gardone Riviera. Hruska, Arzt des letzten Zaren und Botaniker, hatte das auf einem Südost-Hang oberhalb des Gardasees gelegene Grundstück im Jahr 1900 erworben und es bis zu seinem Tod 1971 in ein berühmtes Pflanzenparadies mit 15000 Pflanzen aus allen Erdteilen verwandelt. Heller gestaltete den Garten um, löste die dort herrschende «klassische Ghetto-Mentalität» (Heller) botanischer Gärten auf und vermischte die Pflanzen zu einem multikulturellen gärtnerischen Nebeneinander. In dieser programmatischen Durchmischung gedeihen heute in der 1,5 Hektar großen Anlage rund 2000 Pflanzenarten. Das Zentrum des Gartens bildet ein großer, aus den Dolomiten stammender Felsblock, von dessen Spitze man über den Gardasee blickt. Rundherum gruppieren sich Teiche, Wasserläufe, verschlungene Wege, Bambus- und Palmenhaine, Baumfarne, Kakteen, blühende Beete, Büsche und Hänge, Wiesenflächen und Nischen mit Kunstobjekten und Skulpturen namhafter Künstler zu einer kaleidoskopischen Natur-Inszenierung.

Abbildungen auf den Seiten 10/11, 16/17, 34/35, 50/51, 93, 120/121, 180, 186/187, 212, 225, 228, 288/289, 298/299, 302/303, 338/339, 369

Giverny, Claude Monets Garten, Giverny, Frankreich

Im Jahr 1883 mietete der Maler Claude Monet (1840–1926) 55 Kilometer nordwestlich von Paris im Dorf Giverny nahe Vernon ein rosa Bauernhaus mit einem etwa einen Hektar großen Garten. Im Lauf der Jahre verwandelte der Impressionist den Obstgarten in einen prachtvollen, farbenfrohen Blumengarten mit üppigen, blütenübergossenen Rosenbögen und Beeten, deren Pflanzen den Garten je nach Jahreszeit in die mannigfaltigsten Farbspiele tauchen. Später kaufte Monet ein Stück schwertlilienbewachsenes Sumpfland jenseits der Straße, das er durch Umleitung eines Flüßchens zu einem Wassergarten umgestaltete. Er legte einen birnenförmigen Wasserlilienteich mit weidenbestandenen Ufern an und ließ an dessen schmalster Stelle eine japanische Brücke bauen, über die sich im Frühjahr Hunderte lila Glyziniendolden rankten. Der Wassergarten mit seinen Spiegelungen, Lichtstimmungen und Farbspielen wurde zum Thema einer großen und wichtigen Serie von Monet-Gemälden. «Gartenarbeit war etwas, was ich in meiner Jugend gelernt habe, als ich unglücklich war. Vielleicht verdanke ich es den Blumen, daß ich Maler geworden bin.»* Monet verbrachte bis zu seinem Tod 43 Jahre in Giverny. Sein privater Garten ist heute im Besitz einer Stiftung, die ihn der Öffentlichkeit zugänglich gemacht hat. Rund eine halbe Million Menschen besuchen Giverny jährlich. (* Zitiert nach: Vivian Russel. *Monets Giverny: Der schönste Garten Frankreichs.*)

Abbildungen auf den Seiten 2, 112/113 oben, 148/149, 260

Glass Garden, Los Angeles, Kalifornien, USA

Der junge Vietnamese Andy Cao, geboren 1965, gilt als einer der Trendsetter in der Verwendung von Glas als neuem Gestaltungselement in der modernen Gartenkunst. Für seinen Glass Garden auf einem Hanggrundstück in Los Angeles verteilte er etwa Kegel aus weißem Glassplitt in einem dunkel eingefaßten, flachen Wasserbecken: Die Kegel erinnern an die am Straßenrand aufgehäuften Salzberge, die Cao aus seiner Kindheit in Vietnam kennt. Eine weitere Reminiszenz an Vietnam, die sich in dem von Cao 1998 gestalteten kalifornischen Garten findet, sind Büschel der Grasart *Stipa tenuissima*, die wie das dem Gartengestalter so vertraute Gewürz Zitronengras duftet. Darüber hinaus besteht die Bepflanzung des

:.. ⟹ Histor. Dante. A.
Philo. – Petrarca etc.

Glass Garden, der auch Schredderglas-Beetflächen besitzt, zum überwiegenden Teil aus Bananenstauden, verschiedenen Orchideen- und Agaven-Arten. Seit Mitte der 1990er Jahre verwendet Cao Recycling-Glas für seine Gartenentwürfe. Er experimentierte so lange mit dem Material, bis er es sogar als begehbaren Bodenbelag einsetzen konnte. Außerdem stellte er fest, daß sich geschreddertes Glas als eine Art artifizielle Mulchschicht gegen Unkraut und Wasserverdunstung einsetzen läßt. In anderen Gartendesigns verwirklichte Cao ganze Glaslandschaften, in denen er mit Hilfe dieses Materials sogar künstliche Rasenflächen und Mauern gestaltete.

Abbildung auf den Seiten 28/29

Château de Hautefort, Hautefort, Périgord, Aquitaine, Frankreich

Das Schloß Hautefort, das von seinem Plateau aus einen weiten Blick auf die umliegende Landschaft des Périgord erlaubt, wurde im 17. Jahrhundert gebaut. Die Gärten, die es umgeben, sind in Terrassen angelegt. Die Gärten des Schlosses, wie sie heute zu sehen sind, entstanden in der Zeit ab 1929, als Baron und Baronin de Bastard als neue Herren in Hautefort einzogen. Ihre Gestaltung orientiert sich bis heute an der Liebe des 17. Jahrhunderts zu wahren Formschnittorgien und geometrischen Spielereien im Garten. Es gibt in Arabesken, Rosetten, Spiralen, Kreuzen, Sonnen und in eine schier unüberschaubare Zahl geometrischer Formen und Flächen geschnittene Buchsbaumhecken, kunstvoll und präzise getrimmte niedrige Hecken dienen auch als Einfassung für Blumenbeete, in denen vor allem die Blüten einjähriger Pflanzen einen reizvollen Kontrast zum dunklen Grün der Beeteinfassungen bilden. Die runden Formen mancher Turmdächer des Schlosses finden sich wieder in den zu großen Halbkugeln geschnittenen Eiben, die den in prachtvollen Mustern und Motiven angelegten Beeten des östlichen Gartens zusätzliches Profil verleihen.

Abbildung auf den Seiten 170/171

Schloß Hellbrunn, Salzburg, Österreich

Schloß und Garten Hellbrunn in Salzburg wurden in den Jahren zwischen 1613 und 1615 für den Salzburger Bischof Markus Sittikus von Hohenems gebaut. Markus Sittikus, der in Italien gelebt hatte, ließ sich für seine Gärten, die unter der Leitung des Italieners Santino Solari entstanden, stark von der italienischen Gartenkunst inspirieren. Er ließ seinen Garten mit Grotten, Pavillons, Brunnen, Wasserbecken und einer ganzen Reihe von Spielzeugautomaten und hydraulischen Wasserspielen ausstatten, von denen sich einige bis heute erhalten haben: In der *Orpheusgrotte* erklingen von einem Automaten erzeugte Vogelstimmen, das *Römische Amphitheater* besitzt nicht nur – nach dem Vorbild der Villa Lante – einen Steintisch mit einem zentralen Wasserkanal als Kühlvorrichtung, sondern auch Hocker mit in den Sitzen verborgenen Wasserdüsen. Mitte des 18. Jahrhunderts wurde der Garten um das *Mechanische Theater* von Lorenz Rosegger erweitert, eine hydraulische Anlage, in der sich rund hundert Figuren zu den Tönen einer Wasserorgel bewegen. Dargestellt wird das Leben einer barocken Kleinstadt. Zu den Anlagen von Hellbrunn gehört außerdem ein Tierpark, der ebenso wie die im Felsentheater stattfindenden Konzerte und Aufführungen eine Vielzahl von Besuchern anzieht.

Abbildung auf den Seiten 240/241

Iford Manor, Bradford-on-Avon, Wiltshire, Großbritannien

Im Jahr 1899 kaufte der Architekt Harold Peto die heruntergekommene Anlage von Iford Manor als Landsitz und begann mit deren Umgestaltung. Der Garten, den Peto anlegte, zieht sich in einer Reihe von Natursteinmauer-Terrassen einen steilen Hang oberhalb des Flusses Frome hinauf. Petos Liebe zu italienischen Renaissance-Gärten, deren Einfluß man in Iford Manor auf Schritt und Tritt begegnet, spiegelt sich in den geschnittenen Buchshecken, den Topiaries, Zypressen, Patios, Pavillons, Säulen, Terrakottagefäßen und der großen Zahl von Statuen, die Peto von seinen ausgedehnten Italienreisen mitbrachte. Die architektonischen Elemente der Gartenanlage sind häufig bepflanzt und überwachsen. Es gibt Stein- und Wassergärten, deren Becken von Quellen im Buchenwald oberhalb des Gartens gespeist werden. Nach dem Zweiten Weltkrieg, während dem Iford Manor teilweise verfiel, wechselte der Garten den Besitzer, wurde aber im Sinne seines Gründers Harold Peto restauriert und erneuert und ist daher bis heute im Original-Entwurf zu sehen.

Abbildungen auf den Seiten 100/101, 290

Jardin de Cactus, Guatiza, Lanzarote, Spanien

Im Jahr 1990 entwarf César Manrique (1919–1992) einen Garten, der zur schroffen, vulkanischen Landschaft seiner Heimat, der Kanareninsel Lanzarote, paßte. In einem Steinbruch legte der Maler und Bildhauer auf aus Geröll aufgeschichteten, geschwungenen Terrassen einen Kakteengarten an. Am Fuß der Terrassen bildet eine Arena mit Wasserbecken, aus denen schwarzes Vulkangestein emporzusteigen scheint, den Mittelpunkt der Anlage. Schwarz ist auch die Erde, in der die Kakteen wachsen. Dieser dunkle Hintergrund betont die Gestalt der Pflanzen, die sich in all ihrer bizarren Formenvielfalt nur noch um so stärker abheben. Bei der Gestaltung des Gartens spielte der Bildhauer Manrique mit diesen natürlichen Pflanzen-Formen, die – von ihm wie beiläufig über die Anlage verstreut – beinahe den Eindruck erwecken, als wären sie von Menschenhand geschaffene Skulpturen. Tatsächlich sind es Pflanzen, die ideal an das auf Lanzarote herrschende trockene Klima und seine Bodenbeschaffenheit angepaßt sind. Manriques Kakteen-Sammlung macht seinen Garten zu einem Eldorado für Sukkulenten-Freunde.

Abbildungen auf den Seiten 150/151, 194/195

Les Jardins d'Erik Borja, Drôme, Provence, Frankreich

Der französische Bildhauer Erik Borja beschäftigt sich seit den 1970er Jahren intensiv mit dem Zen-Buddhismus. Dieser Beschäftigung ist auch der Charakter der fünf Gärten geschuldet, die Borja Zug um Zug rund um sein Haus im südfranzösischen Drôme angelegt hat. Die Gärten dieser privaten Anlage bilden in der Zwischenzeit ein zusammenhängendes Ganzes und haben sich zu einer Art gärtnerischem Gesamtkunstwerk ihres Schöpfers entwikkelt. Unmittelbar vor der Hausfassade, von der aus man einen weiten Blick ins Tal und bis zu den französischen Alpen hat, legte Borja einen kleinen Meditationsgarten an. Darin fügen sich eine mit der Harke in kreisförmige Bahnen gezogene weiße Kiesfläche, Steine, ein kleiner Teich und beschnittene Pflanzen zu einer metaphorischen Insel-Wasser-Landschaft. An seiner Ost- und Südseite geht dieser Garten in den flächenmäßig weitaus größeren Garten des Teehauses über. Wie in japanischen Teichgärten, die ihre Schönheit entlang eines vom Besucher abzuschreitenden, vorgegebenen Parcours erschließen, führt auch durch Borjas Teehausgarten ein Pfad aus Trittsteinen, der die unterschiedlichen Gartenteile schrittweise erschließt. Darin finden sich wolken- und wellenförmig beschnittene Büsche und Bäume. Abseits des Hauses an einem Hang legte Borja Anfang der 1980er Jahre einen mediterranen Garten an, der im Kontrast zu den schattigen, wasserreichen japanischen Gärten steht. Ihn beherrschen aromatisch duftende Mittelmeerpflanzen. Schließlich schuf Borja noch den Flußgarten und den Südgarten, zwei von japanischen Teichgärten inspirierte Anlagen.

Abbildungen auf den Seiten 158 unten, 156

Joju-in Teichgarten, Kumamoto, Japan

Der Teichgarten von Joju-in liegt in der Anlage des berühmten Kiyomizu-Tempels in den Bergen südöstlich von Kyoto. Er entstand Anfang des 19. Jahrhunderts und ist ein typischer Garten der späten Edo-Zeit. In ihm kommt die alte Kunst des *shakkei* – weit entfernt liegende Punkt der umliegenden Landschaft in die Gartengestaltung einzubeziehen – zu neuen Ehren. Der Blick des Besuchers wird durch geschickt plazierte Steinlaternen und raffiniert beschnittene Hecken, die in die Vegetation der Umgebung überzugehen scheinen, weit über die Gartengrenzen hinausgelenkt. Dadurch wirkt der nur sechs Hektar große Garten um ein Vielfaches vergrößert. Der Joju-in Teichgarten ist ein Wandelgarten, der sich dem Betrachter auf einem Rundgang erschließt, welcher ihn an einer Reihe von *meisho*, «berühmten Ausblicken», vorbeiführt. Eine Landschaft aus graswachsenen, künstlichen Hügeln, auf denen stark beschnittene Bäume und Büsche einzeln oder in losen Gruppen wachsen, umgibt einen runden Teich. Im Teich wurden zwei Inseln – die *Schildkröteninsel* und die *Kranichinsel* – angelegt. Die größere Schildkröteninsel ist durch zwei Brücken mit dem Teichufer verbunden.

Abbildungen auf den Seiten 122/123, 177 unten

Schloß Laeken, Brüssel, Belgien

Der Eingang zu Park und Schloß Laeken, der Anlage des königlichen Palasts in Brüssel, liegt auf einem Hügel. Von der Rückseite des Schlosses schaut man über den Hang hinunter in Richtung eines künstlich angelegten Flusses und darüber hinaus in weite Wiesen. Laeken wurde ab 1781 gebaut, das Gelände erstreckt sich über insgesamt siebzig Hektar und ist seit der Zeit seiner Entstehung weitgehend unverändert geblieben. Im 19. Jahrhundert, das der Gartenkultur ausgeklügelte Eisen-Glas-Konstruktionen für große Wintergärten bescherte, wurde auch in Laeken eine ganze Reihe von Gewächs- und Pflanzenhäusern gebaut: die *Serres de Laeken*. Deren berühmtestes, der runde Wintergarten, entstand 1876 nach Plänen von Alphonse Balat. Er besitzt eine dreistöckige, reich mit Bögen, Kreisen und anderen dekorativen Elementen verzierte Kuppel mit einem Basis-Durchmesser von 57 Metern, welche im Inneren von dorischen Säulen gestützt wird. Der Wintergarten beherbergt ebenso wie die anderen Gewächshäuser von Laeken, die untereinander mit topfblumengeschmückten, gläsernen Gängen verbunden sind, Sammlungen exotischer Pflanzen wie Palmen, Orchideen oder Kamelien.

Abbildung auf Seite 191

Schloß Lancut, nahe Rzeszow, Polen

Im Parkgarten von Schloß Lancut, der Anfang des 19. Jahrhunderts im Auftrag der Herzogin Izabelle Czartoryska entstand, verbindet sich eine Naturlandschaft mit einer Vielzahl historisierender Elemente: Es gibt ein klassisches Gewächshaus mit Trompe-l'œil-Malerei, einen mit Skulpturen, Wasserbecken und Stufen geschmückten Wintergarten und eine Gloriette, deren korinthische Säulen einen Halbkreis bilden. Das Schloß, das ebenfalls Anfang des 19. Jahrhunderts gebaut wurde, ist von einem Graben umgeben, um den eine Rundallee führt. Im äußeren, natürlich gehaltenen Bereich des Gartens finden sich neben einem Eichenhain und einer Buchenallee eine ganze Reihe weiterer architektonischer Gestaltungselemente, die dem Besucher als Blickfang dienen und zum Teil erst später hinzugefügt wurden: ein kleines Château, ein Orchideen-Haus, ein Tennisplatz mit einem Blumengarten, ein Sommerhaus. Izabelle Czartoryska, die außer Lancut drei weitere Parkanlagen in Auftrag geben ließ, veröffentlichte 1805 eines der Standardwerke über englische Landschaftsgärten: *Verschiedene Gedanken über die Kreation von Gärten.*

Abbildung auf Seite 99 rechts oben

Villa Lante, Bagnaia bei Viterbo, Latium, Italien

Die erste Schilderung des Gartens der Villa Lante stammt von keinem geringerem als Michel de Montaigne, der die noch nicht fertiggestellte Anlage 1580 während seiner Italienreise besuchte. Montaigne lobte, wofür diese bis heute berühmt ist: «Sie ist derart reich mit Fontänen ausgestattet, daß sie diesbezüglich Pratolino und Tivoli nicht nur gleichkommt, sondern sie sogar übertrifft. So verfügt sie über natürliches Quellwasser, (...) und dies in solchem Überfluß, daß sie unzählige Wasserkünste damit speisen kann.»* Aus einer großen Grotte am höchsten Punkt des Gartens fließt das Wasser über mehrere Terrassen und eine Vielzahl von Brunnen, Bächen, modellierten Kanälchen und Becken in einen großen Brunnen, der sich im Zentrum eines quadratischen, mit geometrischen Heckenreihen bepflanzten Parterres am Fuß des Hügels befindet.

Erstmals in der Geschichte der Landschaftsgestaltung steht der Garten deutlich im Mittelpunkt des Gesamtdesigns. Das Konzept zu dieser spektakulären Renaissance-Gartenanlage, das sich die Architektur der aus zwei Einzelgebäuden bestehenden Villa Lante vollkommen unterordnet, stammt von Giacomo Vignola. Der Architekt, der auch maßgeblich an der Planung des Palazzo Farnese in Caprarola und der Villa Giulia in Rom beteiligt war, entwarf die Anlage der Villa Lante um 1573. Sie ist die am vollständigsten und besten erhaltene Gartenanlage des späten 16. Jahrhunderts. (* Zitiert nach: Michel de Montaigne. *Tagebuch der Reise nach Italien über die Schweiz und Deutschland von 1580 bis 1581*)

Abbildungen auf den Seiten 81, 114, 147, 362/363

Schloß Linderhof, bei Ettal, Bayern, Deutschland

Von den Schlössern Ludwigs II. von Bayern besitzt Linderhof die interessanteste Gartenanlage. In ihr finden sich Elemente italienischer, französischer und deutscher Gartenstile. Das Schloß entstand ab 1874 und ist in neo-barockem Stil gebaut. An der Vorderseite des Schlosses entstand nach französischem Vorbild ein Parterre mit einem großem Teich. Zwei Gartenräume an den Seiten des Schlosses sind italienischen *giardini segreti* nachempfunden, der italienische Einfluß zeigt sich auch in den Wasserstufen hinter dem

Schloß, die zu einem Aussichtspunkt ansteigen. Der Schloßpark hingegen wurde nach dem Stil eines englischen Landschaftsgartens angelegt und beherbergt eine Reihe architektonischer Besonderheiten, unter anderem eine Grotte, in der sich ein See und ein Wasserfall befinden. Die Stalaktiten der Höhle konnten zu Ehren Ludwigs II. mehrfarbig beleuchtet werden, an der Rückseite der Höhle befinden sich der Königssitz – ein Muschelthron –, ein Tisch und Sessel aus Korallen.

Abbildung auf den Seiten 342/343

Little Sparta, der Garten des Bildhauers Ian Hamilton Finlay, Stonypath, Lanarkshire, Schottland, Großbritannien

Little Sparta nennt der Bildhauer Ian Hamilton Finlay (geb. 1925), der Garten-Design als Teil seiner künstlerischen Arbeit versteht, sein seit 1966 existierendes Gartenprojekt im schottischen Stonypath. Little Sparta ist ein auf Kunst-Erleben ausgerichteter Skulpturen-Garten in der herben Landschaft Schottlands. Hamilton-Finlay: «Das Grundkonzept meines Gartens basiert auf der Vorstellung vom Hain, der für mich eine Art platonische Form ist. Der Garten ist außerdem so organisiert, daß man zunächst den vorderen Garten und dann den Waldgarten durchquert, bevor man schließlich sehr abrupt in die offene Landschaft geht. Das ist ein sehr bedeutender Effekt, der mir durchaus bewußt ist, aber ich erzwinge dieses Ergebnis nicht. Ich nutze es, denn die Umgebung ist vorhanden. Der Hain ist für mich das Grundelement des Gartens, denn er bietet einem viele gestalterische Möglichkeiten. Die Bäume sind ganz klar Natur, aber der Hain ist keine Natur, sondern Kultur. (...) So wird in meinem Garten die Natur zum Bestandteil der Kunst und darf sich zugleich als Natur entfalten, aber nur unter der Voraussetzung, daß es der Kunst zuträglich ist.» (Zitiert nach: Udo Weilacher. *Lyrik in ungebändigter Wildnis – Ian Hamilton Finlay*. In: Udo Weilacher. *Zwischen Landschaftsarchitektur und Land Art*.)

Abbildung auf Seite 137

La Majorelle, Marrakesch, Marokko

La Majorelle ist ein hinter Mauern verborgener Garten in einem modernen Teil von Marrakesch. Er ist das orientalische Gartenparadies schlechthin – eine erfrischende, kühle Oase aus üppigem Grün, Blüten, Schatten und Wasser in einem heißen, trokkenen Land. Der französische Maler Jacques Majorelle, Sohn des berühmten Art-déco-Möbeldesigners, baute sich in den 1920er Jahren ein Haus in marokkanischem Stil und legte einen Garten an. Diesen konzipierte er als dichten, artenreichen Dschungel, in dem Palmen, Kakteen und in zinnoberrot und pink blühende Bougainvilleen den Ton angeben. Die bestimmenden Farben der Anlage sind allerdings das vielfältige Grün der Pflanzen und ein intensiv leuchtendes Kobaltblau, in dem Majorelle ab 1933 nicht nur sein Atelierhaus, sondern auch Terrakottatöpfe, Podeste, Pergolen und die den Garten durchziehenden Einfassungen der Wasserbecken und des Seerosenteichs bemalte. Das Blau, das sich als Farbmotiv durch die gesamte Anlage zieht, ist mittlerweile auch als «Majorelle-Blau» bekannt. Nach dem Tod von Jacques Majorelle wurden Haus und Garten von dem französischen Modeschöpfer Yves Saint-Laurent und seinem Partner Pierre Bergé gekauft, restauriert und in seiner ursprünglichen Form erhalten.

Abbildungen auf den Seiten 87, 134, 152, 192/193

Giardino di Ninfa, nahe Latina, Latium, Italien

Ruinen sind alles, was von der mittelalterlichen Stadt Ninfa, die dem Garten seinen Namen gab, übrig ist. Bis zum Ende des 14. Jahrhunderts war Ninfa eine prosperierende Stadt. Mehrmals zerstört und geplündert, verfiel sie in den darauffolgenden Jahrhunderten immer mehr. Erst Anfang der 1920er Jahre nahm sich Gelasio Caetani, Sproß jener italienischen Adelsfamilie, deren Mitglieder seit dem 14. Jahrhundert Lehnsherren des Gebiets um Ninfa gewesen waren, der Restaurierung der Ruinen an. Er pflanzte Zypressen, Zedern, Steineichen, große Pappeln und begann mit Hilfe neu angelegter kleiner Wasserfälle, gewundener Wasserläufe und zweier Teiche eine malerische Gartenlandschaft zu gestalten. Seine Mutter setzte die ersten jener vielen – vor allem – antiken Rosen, die bis heute Bäume und Mauerwerk überwuchern und Ninfa jene romantische Stimmung verleihen, für die es berühmt ist. Gelasios Bruder Roffredo und dessen amerikanische Frau übernahmen in den 1950er Jahren die Pflege von Ninfa. Sie legten die Weiden am Fluß an, setzten Obstbäume und noch mehr Rosen. Sein heutiges Gesicht aber erhielt Ninfa von deren Tochter Lelia Caetani, die gemeinsam mit ihrem Mann, dem englischen Gelehrten Hubert Howard, die weitere Bepflanzung der Gärten von Ninfa vorantrieb. 1976 wurden 1800 Hektar Land rund um Ninfa, das aufgrund seines idealen Mikroklimas von der Caetani-Familie zur Heimat von Pflanzen aus aller Welt gemacht werden konnte, zum Naturschutzgebiet erklärt. Den Garten verwaltet heute eine Stiftung.

Abbildungen auf den Seiten 107 oben, 221, 286

Schloß Nymphenburg, München, Deutschland

Der zentrale Teil von Nymphenburg wurde ab 1664 von Agostino Barelli im italienischen Stil gebaut und Anfang des 18. Jahrhunderts unter Kurfürst Max Emanuel in ein repräsentatives Schloß umgebaut. Max Emanuel war es auch, der zwei Schüler von André Le Nôtre, dem Schöpfer der Gärten von Versailles, verpflichtete, den Garten von Nymphenburg in seinem Sinne zu gestalten: Charles Carbonet arbeitete von 1692–1705 in Nymphenburg, Dominique Girard von etwa 1715–38. Es entstand eine Gartenanlage, von der Max Emanuel im Jahr 1715 in einem Brief stolz berichtete, daß sie mit ihren großzügigen Parterres, befahrbaren Kanälen und Bassins, breiten, skulpturengeschmückten Alleen und weitläufigen Bosketten durchaus auch in Frankreich liegen könnte. Das beginnende 19. Jahrhundert stand dieser an Versailles orientierten, absolutistischen Machtdemonstration durch Gartenkunst kritisch gegenüber und empfand Nymphenburg gar als «garstigen Versaillischen Bankert». 1804 erhielt der bekannte Gartengestalter Friedrich Ludwig von Sckell den Auftrag, Nymphenburg in einen Garten im Stil englischer Landschaftsgärten umzuwandeln. Im Lauf von fast zwanzig Jahren Arbeit gelang es Sckell, das planerische Grundkonzept des prächtigen französischen Gartens zu erhalten, während er ihm größere Natürlichkeit verlieh und ihn um zauberhaft komponierte Landschaftsbilder bereicherte. Schon Jahre zuvor, nämlich 1789, hatte Sckell im Auftrag von Kurfürst Carl Theodor für die Stadt München einen öffentlichen Garten im englischen Stil entworfen – den Englischen Garten.

Abbildung auf Seite 146

Prospect Cottage Garden von Derek Jarman, Dungeness, Kent, Großbritannien

Der Garten des britischen Malers und Filmemachers Derek Jarman (1942–1994) liegt auf der windigen, steinigen englischen Halbinsel Dungeness südwestlich von Dover. Zwischen Strandkies und Wildpflanzen setzte Jarman – bereits von seiner Aids-Erkrankung gezeichnet – ab 1986 rund um sein kleines Prospect Cottage Gemüse und windbeständige Pflanzen. Dazwischen arrangierte er Holzpfähle, Steine, Treibholz, Schiffbalken, rostige Stangen und Ketten und schuf farblich abgestufte Kieskreise und -muster. Gefundenes, Gepflanztes und vom Wind Herbeigetragenes verbinden sich zu einem einer kargen Landschaft abgerungenen Künstler-Garten von rauher, spröder Schönheit. Keith Collins, ein Freund Jarmans, schrieb über dessen Entstehung: «Der Garten entstand beiläufig: Ein Stück vom Meer verwaschenes Treibholz, an dem ein am Strand angetriebener Knöchelknochen steckte, wurde zum Festbinden einer umgesetzten Hundsrose benutzt, und ein bei Ebbe im Sand liegender, länglich geformter Feuerstein sollte einen Meerkohl-Setzling vor unvorsichtigen Tritten schützen. Über das Jahr kamen andere, am Strand aufgelesene Schätze hinzu. (…) Langsam nahm der Garten eine neue Bedeutung an – wie sich die Pflanzen gegen beißenden Wind und sengende Sonne behaupteten, entsprach Dereks Kampf mit der Krankheit und verkehrte sich dann; während die Blumen erblühten, verfiel Derek immer mehr.» (Zitiert nach: *Derek Jarmans Garten*.)

Abbildung auf Seite 130

Rock Garden des Nek Chand Saini, Chandigarh, Indien

Der Steingarten von Chandigarh ist heute nach dem Taj Mahal Indiens wichtigste Touristenattraktion. Die Umstände der Entstehung des zwanzig Hektar großen Geländes, in dem aus Steinen und Abfällen gefügte, farbenprächtige Figuren- und Tiergruppen Wasseranlagen, Tempel, Hügel und offene Flächen bevölkern, sind ebenso eigenwillig wie der Garten selbst. Sein Schöpfer, Nek Chand Saini, arbeitete in den 1950er Jahren als Straßeninspektor auf der riesigen Baustelle, aus der nach Entwürfen Le Corbusiers die Stadt Chandigarh entstand. Er begann Steine und Abfallmaterial aus jenen zwanzig Dörfern zu sammeln, die der Baustelle hatten Platz machen müssen, und schuf – zu Anfang illegal – auf einem Grundstück am Stadtrand aus den Fundstücken erste Phantasiewesen. Als seine wundersame Fabelwelt entdeckt wurde, bestand sie bereits aus über 2000 Figuren. Sie fand so schnell begeisterte Zustimmung, daß sie legalisiert und Chand mit einem Gehalt und Mitarbeitern ausgestattet wurde, um weiter an seinem riesigen, visionären Recycling-Garten-Projekt arbeiten zu können.

Abbildung auf den Seiten 278/279

Ryoan-ji, Kyoto, Japan

Der weltweit berühmteste japanische Tempelgarten ist der des Ryoan-ji – des «Tempels zum friedvollen Drachen» – im Nordwesten von Kyoto. Der Garten wurde vermutlich im späten 15. Jahrhundert angelegt und ist das vollendetste Beispiel für eine *kare-sensui*, eine «ausgetrocknete Berg-und-Wasser-Landschaft» – sprich für einen Steingarten. Aus wessen Hand dieses Meisterwerk japanischer Zen-Gartenkunst stammt, ist ungeklärt. Immer wieder zugeschrieben wird es Soami, einem Künstler der Muromachi-Zeit (1335–1573). Die kleine, von einer niedrigen Mauer und der Tempelveranda umgebene Anlage liegt an der südlichen Seite des hauptpriesterlichen Wohnquartiers. Von dort aus kann sie wie ein Gemälde betrachtet werden. Der Steingarten erstreckt sich über eine rechteckige Fläche von etwas mehr als 200 Quadratmetern und besteht aus einer hellgrauen, fein gerechten Kiessandfläche, über die fünfzehn Steine, angeordnet in fünf Gruppen, verteilt sind. Dieser Garten der Leere, der gleichsam das innere Wesen der Natur und nicht deren äußeres Erscheinungsbild darstellt, vermittelt trotz seiner Kleinheit den Eindruck besonderer Weite. Einzige Vegetation dieser ungeheuer ausgewogenen, anorganischen Komposition ist ein wenig Moos am Fuß der Steine. Der Steingarten des Ryoan-ji ist eine Aufforderung an seine Betrachter zu Meditation und Besinnung.

Abbildung auf den Seiten 52/53

Sacro Bosco, der Garten der Villa Orsini, Bomarzo, Latium, Italien

Der extravagante, geheimnisvolle Barock-Garten, der von seinem Schöpfer Pier Francesco «Vicino» Orsini, dem Herzog von Bomarzo, als *Sacro Bosco* (Heiliger Wald) bezeichnet wurde, entstand zwischen 1552 und 1580 auf einem steilen, steinigen Gelände am Fuß des herzöglichen Palasts in Bomarzo. Die 3,5 Hektar große Gartenanlage ist bevölkert von riesigen, bizarren Skulpturen, Masken, Kreaturen, Riesen und Gottheiten; manche von ihnen sind direkt aus dem Stein gehauen. Schon seit dem 16. Jahrhundert ist der Garten für seine Skulpturen bekannt, in denen eine Vielzahl literarischer und mythischer Bezüge steinerne Gestalt angenommen haben. Obwohl viele, den Zeitgenossen Orsinis noch verständliche Verweise und Referenzen, die sich in den steinernen Wesen in Bomarzo verkörpern, in Vergessenheit geraten sind, hat der Garten bis in die Gegenwart die Phantasie der Menschen angeregt. Salvador Dalí, der nach dem Zweiten Weltkrieg einen Film in Bomarzo drehte, beeinflußte mit seiner surrealistischen Deutung der Anlage den modernen Blick auf Bomarzo.

Abbildungen auf den Seiten 88/89, 218/219, 250

Sanspareil, bei Bayreuth, Deutschland

In Sanspareil bei Bayreuth verwirklichte die Markgräfin Wilhelmine von Bayreuth Mitte des 18. Jahrhunderts einen Garten, der Elemente des Landschaftsgartens zeigte, noch bevor dieses Konzept von Großbritannien kommend auf den Kontinent überzugreifen begann. Die Ruinenromantik des Rokoko, von der auch die Markgräfin heftig erfaßt war, regte sie dazu an, einen von malerischen Felsen und Steinblöcken durchsetzen Buchenwald in eine symbolträchtige Gartenlandschaft zu verwandeln. Das geschah größtenteils, indem sie einzelne Felsformationen in mythologische Orte umdeutete, Namensschilder wie *Amor-Felsen*, *Diana-Grotte* oder *Sitz des Pan* an ihnen anbrachte und dadurch eine natürlich gewachsene und nicht weiter gestaltete Landschaft zum Schauplatz der *Abenteuer des Telemachs* machte. Der Buchenwald von Sanspareil verwandelte sich auf diese Weise zu einem Schauplatz, an dem Episoden aus dem Leben des Sohns von Odysseus in der Landschaft verortet wurden. «Die Natur war hier selbst am Werk», schrieb Wilhelmine von Bayreuth 1745 an ihren Bruder, den Preußenkönig Friedrich den Großen.

Abbildungen auf den Seiten 14/15, 119, 333

Sanssouci, Potsdam, Deutschland

Die Parkanlage von Sanssouci, untrennbar mit dem Namen des Preußen-Königs Friedrich II. verbunden, hat in den letzten dreihundert Jahren so viele Veränderungen, Erweiterungen und Umgestaltungen erlebt, daß sie sich ihren jährlich zwei Millionen Besuchern heute in völlig anderer Gestalt präsentiert als zur Zeit ihrer Entstehung. In der weitläufigen, 290 Hektar großen Anlage finden sich neben den Barockbauten und Chinoiserien Friedrichs klassizistische Gebäude, Bauten, die Merkmale der italienischen Renaissance aufweisen, unzählige Skulpturen und die unterschiedlichsten Gartenanlagen. Das friderizianische Sanssouci, das Friedrich dem Großen als Sommerresidenz vor den Toren Potsdams diente, entstand im 18. Jahrhundert. Dessen bis heute erhaltenes Herzstück ist der terrassierter Weinberg, auf dem das Schloß Sanssouci steht. Jede seiner sechs parabolisch gebauten Terrassen ist unterteilt in 28 verglaste Fenster und 16 pyramidenförmig geschnittene Eiben. Südwestlich des Schlosses liegt Friedrichs *Chinesisches Teehaus*, ein verspielter, in üppigem Gold und mattem Grün schimmernder Rundpavillon mit vergoldeten Säulen und Figuren in chinesisch anmutenden Gewändern. Im 19. Jahrhundert wurde Sanssouci unter Friedrich Wilhelm IV. erweitert und von Peter Joseph Lenné in einen romantischen Landschaftsgarten umgewandelt. Dazu kamen unter anderem Schloß und Park Charlottenhof, die Orangerie, die Römischen Bäder und die Lennéschen Gärten.

Abbildungen auf den Seiten 281, 287, 376

Schloß Schönbrunn, Wien, Österreich

Johann Bernhard Fischer von Erlachs Gestaltung der Schloßanlage von Schönbrunn in Wien sollte den Habsburgern eine Sommerresidenz bescheren, die den Vergleich mit dem französischen Versailles nicht zu scheuen brauchte. Die Bauarbeiten begannen 1696 unter Kaiser Leopold I., abgeschlossen wurden sie fünfzig Jahre später unter der Regentschaft der Kaiserin Maria Theresia, die den Architekten Nikolaus Pacassi mit den Aus- und Umbauten beauftragte. Die kreisförmig angelegte *Menagerie*, aus der der älteste, bis heute bestehende Zoo der Welt hervorging, kam 1752 dazu, 1775 als krönender Abschluß die *Gloriette*, der Aussichtspavillon auf der Anhöhe des Schönbrunner Bergs. Schloß, Garten und Park Schönbrunn besitzen bis heute den homogenen Charakter eines aus einer Hand stammenden Ensembles. Das Schloß bildet den Mittelpunkt der gesamten Anlage, von ihm ausgehend zieht sich das *Große Parterre* als breites, offenes Rechteck bis zum Fuß des Schönbrunner Bergs. Den Park durchzieht ein System sternförmig angelegter Alleen mit spektakulär zu durchgehenden Wänden geschnittenen Bäumen. Seit kurzem gibt es in Schönbrunn auch wieder einen Irrgarten, der nach dem historischen Vorbild aus dem 18. Jahrhundert rekonstruiert wurde.

Abbildung auf den Seiten 18/19

Schloß Schwetzingen, Schwetzingen, Deutschland

Der wunderschöne barocke Park des Schlosses Schwetzingen in der Rheinebene wurde in den siebziger Jahren des 18. Jahrhunderts von Friedrich von Sckell um Elemente des englischen Landschaftsgartens bereichert. Tatsächlich war Sckell der erste deutsche Gartengestalter, der sich von diesem gerade erst in Mode kommenden Gartenstil beeinflussen ließ. Die Gärten von Schwetzingen führen auch heute noch in eindrucksvoller Weise den Übergang vom Barockgarten zum Landschaftsgarten vor Augen. In ihnen verbinden sich Elemente beider Stile zu jenem Ensemble von besonderer Schönheit, das Voltaire ein «Paradies auf Erden» nannte. Im Zentrum der ursprünglichen, zwischen 1753 und 1758 für Kurfürst Carl Theodor entworfenen Anlage des Gartens stand das große, kreisrunde Parterre vor dem Schloß, das in der europäischen Gartenkunst einmalig ist. Ein Netz rechtwinkelig zueinander verlaufender Wege und Alleen betont die regelmäßige Anlage weiterer Beetkompartimente des barocken Teils des Gartens. Jenseits davon liegen die Boskette, Waldbereiche, in denen eine Orangerie, ein Apollotempel, eine frühklassizistische Badeanlage sowie ein eigenwillig schlangenförmig angelegtes Vogelbad als architektonische Gestaltungselemente fungieren. Das *Perspektiv*, ein Werk der illusionistischen Architektur, eröffnet am Ende eines langen, überwachsenen Holzgitter-Laubengangs den Blick auf eine gemalte, täuschend echt wirkende Flußlandschaft. Die äußeren Gartenbereiche wurden von Friedrich von Sckell ab 1776 im englischen Landschaftsstil umgestaltet, das große rechteckige Wasserbecken der barocken Anlage in einen natürlichen See umgestaltet.

Abbildung auf Seite 118

Giardino di Daniel Spoerri, Seggiano, Toskana, Italien

Der Schweizer Künstler Daniel Spoerri hat sich im toskanischen Seggiano einen Künstlergarten geschaffen, in dem sich die Natur nicht selten der in ihr aufgestellten Kunstwerke bemächtigt und diese assimiliert. Diesem Neben- und Miteinander von Kunst und Natur in Spoerris 17 Hektar großem Garten ging allerdings harte gärtnerische Knochenarbeit voraus. Bevor Spoerri das Grundstück gekauft hatte, war es viele Jahre brach gelegen und stark verwildert. Dicht verwachsenes Gestrüpp mußte gelichtet, Bäume gestutzt und Brombeer- und Ginsterbüsche geschnitten werden, bevor Spoerri seinen Garten als Schauplatz für die Präsentation von Kunstobjekten nutzen konnte. Immer noch wirkt die Landschaft streckenweise naturbelassen, erobert sich die Natur Terrain zurück. Die Kunstwerke, die diese Landschaft mitgestalten und denen man manchmal beinah wie zufällig begegnet, stammen nicht nur von Spoerri selbst, sondern auch von vielen Künstlerfreunden und -kollegen.

Abbildungen auf den Seiten 246/247, 328/329

Stourhead, Wiltshire, Großbritannien

Die Gestaltung des Landschaftskunstwerks von Stourhead geht auf den Bankier Henry Hoare II. (1705–1785) zurück. Nachdem Hoare 1741 von der seinem Stand und seiner Zeit gemäßen Grand Tour nach England zurückgekehrt war, widmete er sich dem Entwurf seines Gartens, den Hügel von der umliegenden Landschaft abschließen. Im Zentrum dieses Landschaftsgartens, der heute dem National Trust gehört und berühmt ist für seine herrlichen Rhododendren und seine schönen Buchen und Nadelhölzer, liegt ein aus Teichen aufgestauter See, um den ein drei Kilometer langer Weg führt. Entlang des Rundwegs eröffnen sich dem Besucher Blicke auf prachtvolle Landschaftsszenerien und eine Reihe von klassischen Gebäuden, die Hoare von Henry Flitcroft entwerfen ließ: der Pantheon, der Tempel der Flora, der Tempel des Apoll oder – am tiefsten Punkt des Wegs, fast schon auf Höhe des Wasserspiegels – die Grotte, in der eine schlafende Nymphe vor einer sprudelnden Quelle lagert. Inschriften am Eingang zur Grotte und am Tempel der Flora verweisen auf die Aeneis. Vom Tempel des Apoll, der den höchsten Punkt des Gartens markiert, blickt man über die gesamte Anlage. Diese Aussicht beschrieb der englische Schriftsteller Horace Walpole (1717–1797) «als eine der pittoreskesten Szenerien der Welt».

Abbildungen auf den Seiten 55, 106, 262/263, 374/375

Swarovski Kristallwelten, Wattens, Tirol, Österreich

Im Jahr 1995 schuf André Heller für die Firma Swarovski im Tiroler Wattens eine Landschaftsinszenierung sowie ein Gefüge unterirdischer Erlebnisräume und Wunderkammern. Der Eingang der von Heller erdachten Kristallwelten wird vom Kopf eines wasserspeienden, efeuüberwachsenen Riesen mit leuchtenden Kristallaugen bewacht. Pate für diese spektakuläre Anlage standen die durch begrünte Köpfe und Riesenmäuler betretbaren Grotten und Höhlen so berühmter Barock- und Renaissancegärten wie Bomarzo und Hellbrunn. Zu den Swarovski Kristallwelten gehört außerdem ein von Heller entworfenes riesiges, begehbares Heckenlabyrinth, das nach Form der linken Hand des Künstlers gestaltet wurde. Derzeit wird die Anlage der Kristallwelten – erneut unter der Leitung von André Heller – um das Doppelte erweitert.

Abbildungen auf den Seiten 58/59, 136, 350/351

Giardino dei Tarocchi von Niki de Saint-Phalle, Capalbio, Toskana, Italien

Niki de Saint-Phalles Giardino dei Tarocchi ist ein einzigartiges Faszinosum und zugleich Dokument überbordender, künstlerischer Besessenheit. Von 1979 bis zu ihrem Tod im Frühjahr 2002 arbeitete die französische Bildhauerin an ihrem spektakulären Kunstgarten-Projekt. Inspirationen zu ihrer «kleinen Paradiesecke» hatte sich Saint-Phalle, die in den 1960er und 1970er Jahren mit umstrittenen, riesenhaften Frauenskulpturen, den sogenannten *Nanas*, berühmt geworden war, von Gaudís Parc Guëll in Barcelona geholt. Ihr toskanischer Garten, in dem Mensch, Natur und Kunst einander begegnen, liegt auf einem Hügel und ist von gewaltigen, teilweise begehbaren Skulpturen bevölkert, die Figuren aus dem Tarot-Spiel verkörpern: Die *Stärke* gestaltete Saint-Phalle als junge Frau, die einen grünglänzenden, geflügelten Drachen an der Leine führt, die *Sonne* als indianisch anmutenden Vogel mit silbrigem Leib und bunten, gespreizten Flügeln, ihr *Teufel* ist ein gehörnter, geflügelter Säulenheiliger, ihrem silbrig verspiegelten *Turm von Babel*, der die ihn umgebenden Laubbäume um Meter überragt, sprengt ein stilisierter Blitz die obersten Stockwerke weg. Gemeinsam mit ihrem Partner, dem Schweizer Metall-Künstler Jean Tinguely (1925–1991), entwarf Saint-Phalle ihre monumentalen Phantasiewesen: auf mit Drahtgitter überzogene Eisenkonstruktionen wurde Zement aufgespritzt, dieser schließlich mit Mosaiken aus bunten Spiegel- und Keramikstückchen verkleidet. Während der Arbeit an ihrem Garten lebte Saint-Phalle jahrelang im Inneren der *Kaiserin*, einer gewaltigen Skulptur in Gestalt ein Sphinx.

Abbildung auf den Seiten 292/293

Vaux-le-Vicomte, Maincy bei Paris, Frankreich

Die Gartenanlage von Vaux-le-Vicomte südöstlich von Paris ist ebenso untrennbar mit dem Namen André Le Nôtre verbunden wie jene von Versailles. Mit Versailles schuf der Chefgärtner Ludwigs XIV. jenen Garten, der bald als Höhepunkt der Gartenkunst des 17. Jahrhunderts europaweit berühmt und nachgeahmt wurde. In Vaux-le-Vicomte, seinem ersten großen Garten, entwickelte Le Nôtre zwischen 1656 und 1661 noch vor Versailles die Grundlagen seines Stils als Landschaftsgestalter. Schloß und Garten entstanden im Auftrag von Nicolas Fouquet, dem «surintendant des finances» Ludwigs XIV. Anläßlich der grandiosen Einweihungsfeier im Jahr 1661 erregte Fouquet den Neid des Sonnenkönigs. Bald darauf fand er sich nicht nur um sein prachtvolles Gesamtkunstwerk aus Schloß und Garten, sondern auch um seine Stellung und seine Freiheit gebracht. Noch im selben Jahr wurde Le Nôtre mit dem Design der Gärten von Versailles beauftragt. Die Gärten von Vaux-le-Vicomte zeigen eine durch und durch künstlerisch bearbeitete, durchkomponierte und perspektivisch trickreich gestaltete Landschaft aus Wasserbecken, Wegen, Rasenflächen, Statuen und Parterres, in denen getrimmter Buchs in herrliche ornamentale Muster und Figuren geschnitten ist. Die zentrale Blickachse der Anlage führt gleichsam mitten durch das Schloß und weiter durch den Garten bis zu einer in der Ferne auf einer sanften Anhöhe stehenden, riesigen Herkulesstatue. Die Hauptachse wird vom *Grand Canal*, einem 900 Meter langen Wasserbecken, und weiteren Querachsen durchkreuzt. Die Elemente des Gartens, deren Maße und Formen Le Nôtre auf die perspektivisch verzerrte Betrachtung des Gartens vom Schloß aus oder zum Schloß hin zugeschnitten hatte, fügen sich in der Gesamtschau zu einem Bild vollendeter Harmonie. Ende des 19. Jahrhunderts wurde Vaux-le-Vicomte umfassend restauriert und ist heute neben Versailles die am besten erhaltene Anlage eines klassischen französischen Gartens.

Abbildung auf Seite 94 unten

Veitshöchheim, bei Würzburg, Deutschland

Der Hofgarten Veitshöchheim bei Würzburg gilt als das typischste und originellste Beispiel eines deutschen Rokokogartens. Ursprünglich der Obst-, Blumen- und Küchengarten des Sommerhauses der Fürstbischöfe von Würzburg wurde der Garten Anfang des 18. Jahrhunderts in einen prachtvollen, verspielten barocken Lustgarten umgewandelt. Sein heutiges Aussehen eines Rokokogartens erhielt er in den Jahren nach 1763. Dem Garten kam anders als den französischen Barockgärten nicht in erster Linie repräsentative Funktion zu. Er liegt seitlich des von zwölf Parterres umgebenen Schlosses und ist mit diesem nicht durch zentrale Blickachsen, sondern durch Stiegenabgänge verbunden. Die gesamte Anlage ist von einer hohen Mauer umgeben und umfasst eine Fläche von nicht mehr als 475 x 270 Meter. Eine breite Allee gliedert den großen Gartenraum in zwei Teile: Den südlichen beherrscht der *Große See*, den nördlichen ein von einem Laubengang umschlossenes Rondell. Rechtwinkelig und diagonal angelegte, zum Teil heckengesäumte Wege unterteilen den Garten zusätzlich in Gartenräume und lassen ihn weitläufiger wirken als er tatsächlich ist. Brunnen, chinesische Pavillons oder Heckenlauben schmücken die kleinen Plätze, an denen sich die Wege kreuzen. Die unverwechselbarste Eigenheit von Veitshöchheim aber ist eine Vielzahl von über den gesamten Garten verstreuten Skulpturen und Skulpturengruppen, die Götter, Musiker, Adelige, Hofdamen oder Szenen aus Fabeln darstellen. Ursprünglich mehr als dreihundert, sind sie heute zum Teil durch Kopien ersetzt worden.

Abbildungen auf den Seiten 160/161, 360/361

Versailles, Yvelines, Frankreich

Am Anfang der prachtvollen Gärten von Versailles, deren stilprägende Schönheit zwar hundertfach kopiert wurde, alle anderen Anlagen ihrer Zeit aber um ein Vielfaches überstrahlte, stand ein neidvoller Blick Ludwigs XIV. auf die Gärten von Vaux-le-Vicomte. Der königliche Finanzminister Nicolas Fouquet hatte sich dort von André Le Nôtre einen Garten von solcher Herrlichkeit anlegen lassen, daß der Sonnenkönig seine Allmacht in Zweifel gezogen sah, Fouquet ins Gefängnis werfen ließ und noch im selben Jahr, 1661, mit dem Ausbau von Versailles begann. Mit der Gestaltung der Gärten wurde der damals schon weit über die Grenzen Frankreichs hinaus berühmte Gartenarchitekt André Le Nôtre, der seit 1637 den Posten des «jardinier en chef du roi» bekleidete, beauftragt. In Versailles schuf Le Nôtre ein raumgestalterisches Meisterwerk, das den Höhepunkt der französischen Gartenkunst markiert. Im Mittelpunkt von Le Nôtres Anlage steht das Schloß, von dem aus eine Reihe von Achsen wie Sonnenstrahlen in das Gelände führen, sich dort mehrfach verzweigen und so den Garten in immer neue Bereiche unterteilen. In unmittelbarer Schloßnähe befindet sich der *Petit Parc* mit seinen ausgedehnten, barocken Parterres und den anschließenden Bosketten. In diesen Lustwäldchen fanden die «grands divertissements», die vielfältigen Vergnügungsveranstaltungen des Hofs, statt. Jenseits des *Petit Parc* beginnt der *Grand Parc*, in dessen Zentrum sich der kreuzförmig angelegte *Große Kanal* befindet. Anschließend folgt der dritte und mit 6500 Hektar größte Bereich der Anlage: das riesige Jagdrevier.

Abbildung auf den Seiten 366/367

Château de Villandry, Indre-et-Loire nahe Tours, Frankreich

Die Anlage von Villandry besteht aus einem Schloß aus dem 12. Jahrhundert und der Renaissance-Zeit und einem auf drei Ebenen liegenden Terrassengarten aus dem 18. Jahrhundert. Der Spanier Joachim Cavallo kaufte das vom Verfall bedrohte Anwesen und renovierte es in den Jahren zwischen 1906 und 1924. Als Vorbild für die Gestaltung der Gärten, vor allem des in kunstvollen Ornamenten bepflanzten Gemüsegartens auf dem untersten Terrassenniveau, dienten Cavallo Stiche von Jacques Androuet du Cerveau aus dem 16. Jahrhundert. Was Cavallo vorhatte, war die Rekonstruktion einer Renaissance-Gartenanlage, von welchen sich in Frankreich nur sehr wenige erhalten haben. Die strenge symmetrische Ordnung der Gärten von Villandry wird durch die verspielten und phantasievollen Ornamentmuster, die die Bepflanzung bestimmen, aufgelockert. Heute gilt Villandry, wiewohl auf der Basis von Spekulationen rekonstruiert, als Frankreichs schönster Renaissance-Garten. Den Wassergarten, die oberste Ebene der terrassierten Anlage, bestimmt ein geometrisches Wasserbecken, auf der nächst unteren Ebene, an der Südseite des Schlosses, liegt der *Jardin d'ornament*. Ein Teil davon, der *Jardin d'amour*, thematisiert die unterschiedlichen Formen der Liebe, die mit Herzen, Flammen, Schwertern, Masken und Dolchen aus geschnittenem Buchsbaum symbolisiert werden. Im zweiten Ziergarten, dem *Jardin de musique*, sind stilisierte Musikinstrumente nachgebildet. Das Herzstück der Anlage bildet jedoch der berühmte *potager*, der Gemüsegarten. Er besteht aus neun buchsbaumgesäumten Quadraten, in deren Inneren sich Beete zu verschiedenen geometrischen Mustern fügen. In den Beeten selbst wächst eine große Zahl an unterschiedlichen Gemüsesorten, besonders auch verschiedene Zierkohl- und Ziermangoldsorten, die, mit Rauhreif überzogen, den Garten auch im Winter zu einem spektakulären Anblick machen.

Abbildungen auf den Seiten 94 oben, 226/227, 232/233

Westbury Court Garden, Westbury-on-Severn, Gloucestershire, England

Der Westbury Court Garden ist heute im Besitz des National Trust. Er stammt aus der Zeit um 1700. Das Haus, das im Westen des Gartens liegt, ist heute ein Altersheim, der Garten selbst blieb mehr als 250 Jahre weitgehend unverändert und wurde vom National Trust nach den präzisen Vorgaben seines ursprünglichen Schöpfers, Maynard Colchester, restauriert. Der Charakter des Gartens in seiner Gesamtheit ist eher holländisch. Die Auswahl der Pflanzen konzentrierte sich auf Zwiebelpflanzen und immergrüne, für Formschnitte geeignete Sträucher. Der Garten legt sein Hauptaugenmerk auf Nutzpflanzen. An den Gartenmauern wurden Obstbäume gepflanzt, deren Äste kunstvoll entlang der Mauern aufgezogen wurden. Es gibt einen Pflaumenbaumgarten, der von einem weitläufigen Gemüsegarten umgeben ist.

Abbildung auf Seite 216

Wörlitz, Halle, Deutschland

Wörlitz besitzt den frühesten, bedeutendsten und schönsten Landschaftsgarten englischen Stils auf dem europäischen Festland. Er ist bis heute in seiner ursprünglichen Form und Schönheit erhalten geblieben. Der aufgeklärte Fürst Leopold III. Friedrich Franz von Anhalt-Dessau setzte in der zweiten Hälfte des 18. Jahrhunderts in seinem kleinen Fürstentum eine große Zahl politischer, ökonomischer und sozialer Reformen durch und machte aus Wörlitz ein Muster moderner Verwaltung. Besondere Bedeutung maß der Fürst den Künsten bei, insbesondere der Gartenkunst. Ideen für die landschaftliche Gestaltung des etwa 120 Hektar großen Geländes, das ab 1765 angelegt wurde, holte sich der Fürst auf ausgedehnten Reisen, auf welchen er zum Teil von seinen drei Gärtnern Eyserbeck, Neumark und Schoch begleitet wurde. Englische Landschaftsgärten wie Stourhead, Stowe und Claremont lieferten die Hauptimpulse für Wörlitz. Der Wörlitzer Park stand von Anfang an für jedermann offen, in die Gestaltung wurden große Teile der Bevölkerung einbezogen. Wörlitz besteht aus fünf Einzelgärten, die rund um einen großen See angelegt sind. Über ein System von Kanälen können alle Bereiche des Gartens auch vom Wasser aus besichtigt werden. Inmitten des Sees ließ der Fürst eine Rousseau-Insel mit einem Denkmal errichten. Der Garten, der zu großen Teilen auch der landwirtschaftlichen Nutzung gewidmet ist, ist als Abfolge von Landschaftsbildern und Gartenszenen angelegt, die sich dem Besucher nacheinander überraschend eröffnen sollen. Architektonische Elemente wie der *Venustempel*, das *Nymphäum* oder das *Gotische Haus* spiegeln die Reiseeindrücke des Fürsten wider.

Abbildungen auf den Seiten 164/165

BILDLEGENDEN UND BILDQUELLENNACHWEIS

Vorsatz
«Plant»: Der metaphysische Garten des holländischen Gartenarchitekten Huub Kortekaas für die Bundesgartenschau in Frankfurt am Main 1989. Photographie von Pepijn Langedijk

Schmutztitel
Pfauen- oder Reisgerste *(Hordeum distichon)*. Photographie von Karl Blossfeldt. Aus: Wundergarten der Natur. Berlin 1932

S. 2
Giverny, Frankreich. Der Seerosenteich in Claude Monets Garten. Photographie von Hugh Palmer

S. 3
Villa d'Este, Tivoli, Italien. Mehrbrüstige Frauenfigur (Fontana della Madre Natura). Photographie von Markus Bollen

S. 4/5 (Botanikinstitut)
Paeonienblüte und Steinbrech: Blumenstilleben. Photographie von Erich Lessing. © Imagno Brandstätter Images / Erich Lessing

S. 6/7
«Puffing Mosses» (Dampfende Moose): Skulpturengruppe von Thomas Nordstrom und Annika Oskarsson (nach Entwurf von Julie Toll) aus Sphagum-Moos und Maschendraht für die Rosendal-Gartenschau in Stockholm 1998. Photographie von Clive Nichols. © GBA / Nichols

S. 8/9
Barnsley House, Gloucestershire, England. Neogotischer Tempel aus dem 18. Jahrhundert und Eibenhecken im Garten von Rosemary Verey. Photographie von Fritz von der Schulenburg. © The Interior Archive, London

S. 10/11
Giardino Botanico, Gardone Riviera, Italien. Japanische Brücke. Photographie von Franz und Axel Hubmann. © Imagno Brandstätter Images / Franz Hubmann

S. 12/13
Saint Jean de Beauregard bei Paris, Frankreich. Schloßküchengarten aus dem 17. Jahhundert. Photographie von Erich Lessing. © Imagno Brandstätter Images / Erich Lessing

S. 14/15
Sanspareil bei Bayreuth, Deutschland. Ruinen- und Grottentheater aus der Mitte des 18. Jahrhunderts. Photographie von Florian Monheim. © Bildarchiv Monheim

S. 16/17
Giardino Botanico, Gardone Riviera, Italien. Bambuswald. Photographie von Franz und Axel Hubmann. © Imagno Brandstätter Images / Franz Hubmann

S. 18/19
Schloßpark Schönbrunn, Wien, Österreich. «Versinkende Riesin». Blumenskulptur von André Heller aus dem Jahr 1991 (nicht mehr existierend). Photographie von Christine de Grancy. © Bildagentur Anzenberger, Wien

(Transparentpapier zwischen Seite 20 & 21)
Riedgras *(Carex grayi)*. Photographie von Karl Blossfeldt. Aus: Wundergarten der Natur. Berlin 1932

S. 22/23
Chatsworth, Bakewell, Derbyshire, England. Labyrinth aus Eibenhecken, gepflanzt im Jahr 1963. © Garden Picture Library / Brigitte Thomas

S. 24
Palmenblatt. Photographie von Simone Andress

S. 25
König Khava als Gärtner. Miniatur aus einer persischen Handschrift, gemalt von Abd al-Hakim Multani im Punjab, Indien. 1686

S. 26/27
Château et Parc de Courances, Courances bei Paris, Frankreich. Photographie von Erich Lessing. © Imagno Brandstätter Images / Erich Lessing

S. 28/29
Glass Garden, Los Angeles, USA. Kegel aus weißem Glassplitt in einem Wasserbecken. Gartendesign von Andrew Cao. © Stephen Jerom/GGI

S. 30/31
Palazzo Farnese, Caprarola bei Viterbo, Italien. Wasserspeiende Brunnenfigur. Photographie von Simon McBride. © The Interior Archive, London

S. 32/33
Elsing Hall, Norfolk, England. Photographie von Simon McBride. © The Interior Archive, London

S. 34/35
Giardino Botanico, Gardone Riviera, Italien. Farne. Photographie von Franz und Axel Hubmann. © Imagno Brandstätter Images / Franz Hubmann

S. 36/37
Schloß Nordkirchen bei Münster, Westfalen, Deutschland. Photographie von Franz Hubmann. © Imagno Brandstätter Images / Franz Hubmann

S. 38/39
Festival International des Jardins 1996, Chaumont-sur-Loire, Frankreich. «Ailleurs». Entwurf von Claire Gardet und Philippe Nigro (Ecole Boulle). Photographie von Joëlle & Gilles LeScanff-Mayer

(Transparentpapier zwischen Seite 40 & 41)
Osterluzei *(Aristolochia clematitis)*. Photographie von Karl Blossfeldt. Aus: Urformen der Kunst. Berlin 1928

S. 42/43
Moor Crichel, Dorset, England. Photographie von Fritz von der Schulenburg. © The Interior Archive, London

S. 44/45
Kiesgarten von Beth Chatto, Essex, England. Fackellilien *(Kniphosia)* und Schafgarben *(Achillea)*. Photographie von Simon McBride. © The Interior Archive, London

S. 46/47
Pitchford Hall, Shropshire, England. Baumhaus. Photographie von Fritz von der Schulenburg. © The Interior Archive, London

S. 48/49
Historische Rose «Constance Spry». Photographie von Fritz von der Schulenburg. © The Interior Archive, London

S. 50/51
Giardino Botanico, Gardone Riviera, Italien. Im Bambuswald. Photographie von Fritz von der Schulenburg. © The Interior Archive, London

S. 52/53
Ryoan-ji Tempel, Kyoto, Japan. 30 x 10 m grosser Kiesgarten («Kare-sansui») mit 15 Felsen. Photographie von Erich Lessing. © Imagno Brandstätter Images / Erich Lessing

S. 54
Crowe Hall, Bath, Somerset, England. Privatgarten im Winter. Photographie von Simon McBride. © The Interior Archive, London
S. 55
Stourhead, Wiltshire, England. Blick aus dem Grottensaal auf die Skulptur eines Flußgotts. Photographie von Christopher Simon Sykes. © The Interior Archive, London
S. 56/57
Das Pardiesgärtlein. Oberrheinischer Meister. Um 1410. Öl auf Holz. Staedelsches Kunstinstitut, Frankfurt am Main. © Artothek / Photo: Blauel / Gnamm
S. 58/59
Swarovski Kristallwelten, Wattens, Tirol, Österreich. Eingang in Form eines efeuüberwachsenen, wasserspeienden Kopfes mit leuchtenden Kristallaugen, entworfen von André Heller. Photographie von Margherita Spiluttini. © Daniel Swarovski, Wattens
S. 60
Blumengirlanden, Indien. Photographie von Bruce Chatwin. Um 1980. © Bruce Chatwin / Michael Trevillion
S. 63
Samen in 5facher Vergrößerung *(Koelpinia linearis)*. Photographie von Karl Blossfeldt. Aus: Wundergarten der Natur. Berlin 1932
S. 67
Ohne Titel (Blüten der weißen Calla). Photographie von Man Ray. 1930. © Man Ray / VBK, Wien, 2002
S. 69
Georgine, vergrößert *(Dahlia variabilis)*. Photographie von Paul Wolff. 1929
S. 73
Schafgarbe *(Achillea clypeolata)*. Photographie von Karl Blossfeldt. Aus: Wundergarten der Natur. Berlin 1932
S. 75
Pelargonienblüte. Photographie von Paul Wolff. 1929
S. 79
Berg-Laserkraut *(Laserpitium siler)*. Photographie von Karl Blossfeldt. Aus: Wundergarten der Natur. Berlin 1932
S. 81
Villa Lante, Bagnaia bei Viterbo, Italien. Die Wassertreppe. Photographie von Simon McBride. © The Interior Archive, London
S. 82/83
Garsington Manor, Oxfordshire, England. Privatgarten – angelegt von Philip und Lady Otteline in den 1920er Jahren –, in dem das Garsington Opera Forum stattfindet. Photographie von Simon McBride. © The Interior Archive, London
S. 84/85
Garten der Villa Oasis (Privatgarten), Marrakesch, Marokko. Der große Seerosenteich in der von Jacques Majorelle 1924 geplanten Anlage. Photographie von Dieter Zoern
S. 86
Einhorn-Tapisserie. Um 1500. Der letzte Teppich der Folge zeigt das gefangene Einhorn, an einen Granatapfelbaum gebunden. Die Wiesenblumen Knabenkraut, Levkoje, Frauenmantel u. a. sind eng mit der mittelalterlichen Symbolik verknüpft. Musée de Cluny, Paris.
S. 87
La Majorelle, Marrakesch, Marokko. Der Obergärtner im Bambuswäldchen von Majorelle. Photographie von Dieter Zoern
S. 88/89
Sacro Bosco, Bomarzo, Italien. Das Höllenmaul. Photographie von Simon McBride. © The Interior Archive, London
S. 90
Detail eines Gartendesigns von Tom Sitta mit einem von schwarzem Bambus umstandenen Wasserbecken. Photographie von Andrew Lawson
S. 91
Pitchford Hall, Shropshire, England. Allee. Photographie von Fritz von der Schulenburg. © The Interior Archive, London
S. 92
«Desert Breath» (Atem der Wüste), El Ghouna, Ägypten: Installation der Künstlerinnengruppe D.A.ST. arteam aus dem Jahr 1997. Zwei ineinandergreifende Spiralen aus Sandkegeln. Der Entwurf entstand aus der Beobachtung, wie sehr sich der vom Wind bewegte Sand kegelförmig um die Stengel heimischer Pflanzen legt. © D.A.ST. arteam 1997
S. 93
Giardino Botanico, Gardone Riviera, Italien. Farne. Photographie von Franz und Axel Hubmann. © Imagno Brandstätter Images / Franz Hubmann
S. 94 oben
Château de Villandry, nahe Tours, Frankreich. Detail aus dem Jardin d'Ornement mit in Form geschnittenen Buchsbaumhecken. Photographie von Fritz von der Schulenburg. © The Interior Archive, London
S. 94 unten
Vaux-le-Vicomte, Maincy bei Paris, Frankreich. Schloßpark, von André Le Nôtre in den Jahren 1658–61 für Nicolas Fouquet angelegt. Photographie von Erich Lessing. © Imagno Brandstätter Images / Erich Lessing
S. 95
Ellison Residence, San Francisco, USA. Gartendesign von Ron Herman aus in Stufen angelegten Bronzewürfeln mit Moos und Steinen. Photographie von Mark Schwartz
S. 96/97
Château et Parc de Courances, Courances bei Paris, Frankreich. Photographie von Erich Lessing. © Imagno Brandstätter Images / Erich Lessing
S. 98
Festival International des Jardins 1996, Chaumont-sur-Loire, Frankreich. Installation «Babylons» von Béatrice Fauny und Benoît Séjourné. Photographie von Deidi von Schaewen
S. 99 links oben
West Green House, Hampshire, England. Rhabarber in Tontöpfen. Photographie von Fritz von der Schulenburg. © The Interior Archive, London
S. 99 rechts oben
Lancut, nahe Rzeszow, Polen. Steinamphore im Schloßgarten. Photographie von Gerhard Trumler. © Imagno Brandstätter Images / Gerhard Trumler
S. 99 unten
Topiary in Form eines Alligators aus schnell wachsender *Lonicera nitida* (Immergrüne Strauchheckenkirsche). Photographie von Jean Claude Lamontagne
S. 100/101
Iford Manor, Bradford-on-Avon,

Wiltshire, England. Säulenreihe. Photographie von James Mortimer. © The Interior Archive, London

S. 102
Giardino di Boboli, Palazzo Pitti, Florenz, Italien. Detail einer Steinskulptur. Photographie von Kurt-Michael Westermann

S. 103
Casa de Pilatos, Sevilla, Spanien. Blick aus dem Salon Dorado in einen Hofgarten. Photographie von Dieter Zoern

S. 104/105
Knebworth House, Hertfordshire, England. Photographie von James Mortimer. © The Interior Archive, London

S. 106
Stourhead, Wiltshire, England. Blick über blühende Rhododendren auf den See. Photographie von Christopher Simon Sykes. © The Interior Archive, London

S. 107 oben
Giardino di Ninfa, nahe Latina, Italien. Photographie von Simon McBride. © The Interior Archive, London

S. 107 unten
Château et Parc de Courances, Courances bei Paris, Frankreich. Photographie von Erich Lessing. © Imagno Brandstätter Images / Erich Lessing

S. 108/109
Château de Canon, Mézidon-Canon, Frankreich. Schloßgarten mit blumenbewachsenen Steinbögen, von Elie de Beaumont im 18. Jahrhundert im Übergang zwischen Klassizismus und Romantik gestaltet. Photographie von Erich Lessing. © Imagno Brandstätter Images / Erich Lessing

S. 110
Hibiscus-Blüte. Photographie von Franz und Axel Hubmann. © Imagno Brandstätter Images / Franz Hubmann

S. 111
Frosch auf Seerosenblatt. © G+J Fotoservice, Hamburg

S. 112/113 oben
Giverny, Frankreich. Die japanische Brücke in Claude Monets Garten. Photographie von Vivian Russell

S. 112/113 unten
Seerosen *(Nymphaea)*. Photographie von Corinne Korda

S. 114
Villa Lante, Bagnaia bei Viterbo, Italien. Detail eines Brunnens. Photographie von Simon McBride. © The Interior Archive, London

S. 115
Fruchttragender Blütenstand der Brennpalme *(Caryota urens)*. Zeichnung von Paul Hermann, einem der Erforscher von Niederländisch-Ceylon, 1672–1757 © The Natural History Museum, London

S. 116/117
«Labyrinthus Touraine» zwischen Tours und Loche, Frankreich: Hektargroßer, mehrteiliger Irrgarten. Photographie von Bernd Krug

S. 118
Schloß Schwetzingen, Deutschland. Das «Perspektiv». Das Gemälde einer idyllischen Flußlandschaft am Ende eines Laubenganges stammt vom Mannheimer Hofmaler Wilwert. Photographie von Florian Monheim. © Bildarchiv Monheim

S. 119
Sanspareil bei Bayreuth, Deutschland. Diana-Grotte. Photographie von Florian Monheim. © Bildarchiv Monheim

S. 120/121
Giardino Botanico, Gardone Riviera, Italien. Bambushain mit dem Chinesischen Tor. Photographie von Franz und Axel Hubmann. © Imagno Brandstätter Images / Franz Hubmann

S. 122/123
Joju-in Teichgarten, Kumamoto, Japan. Grasbewachsene, künstliche Hügel zwischen den Inseln und entlang des Teichufers. Späte Edo-Zeit (Anfang des 19. Jahrhunderts). Photographie von Günter Nitschke

S. 124/125
Garten von Nicole de Vesian (Privatgarten), Bonnieux, Provence, Frankreich. In Form geschnittene Bäume und Sträucher. Photographie von Deidi von Schaewen

S. 126
Château d'Harcourt, Thury-Harcourt, Frankreich. Sommergarten im Barockpark der Grafen Harcourt. Photographie von Deidi von Schaewen

S. 127
Henri Matisse. Mimosa. Entwurf für einen Teppich, der 1951 von Alexander Smith and Sons, New York, in einer Auflage von 500 Stück produziert wurde. Gouache, Scherenschnitt. © Henri Matisse / VBK, Wien, 2002

S. 128/129
«Spring Tide on Earth», Belgien. Konstruktion aus Erde, Rasen und Corten-Stahl. Design von Jan Joris Tuinarchitektuur, Brasschaat, Belgien. Photographie von Bart van Leuven

S. 130
Prospect Cottage Garden, Dungeness, Kent, England. Skulptur aus Schwemmholz im Garten von Derek Jarman. Photographie von Howard Sooley

S. 131
Nächtlicher Blitz. © Bildagentur Pix, Wien

S. 132/133
Barnsley House, Gloucestershire, England. Goldregen-Laubengang im Garten von Rosemary Verey. Photographie von Fritz von der Schulenburg. © The Interior Archive, London

S. 134
La Majorelle, Marrakesch, Marokko. Blick aus einer Laube in den Garten. Photographie von Dieter Zoern

S. 135
Pferdebananen am Fruchtkolben des Bananenbaums. Zeichnung von Paul Hermann, einem der Erforscher von Niederländisch-Ceylon, 1672–1757. © The Natural History Museum, London

S. 136
Swarovski Kristallwelten, Wattens, Österreich. «Wünschelrutenhase», Skulptur von Barry Flanagan, im Park der Swarovski Kristallwelten. Photographie von Franz Eliskases

S. 137
Little Sparta, Lanarkshire, Schottland. Skulptur von Ian Hamilton Finlay nach einem Zitat des französischen Revolutionärs Louis Antoine Saint-Just. Photographie von Fritz von der Schulenburg. © The Interior Archive, London

S. 138/139
«Der Dichter James Baldwin bestaunt meinen botanischen Park.» Aquarell von André Heller. 1991

S. 140/141
Botanischer Garten, Monte bei Funchal, Madeira, Portugal. Papageienvogel-

blume *(Strelitzia reginae Aiton)*. Photographie von Wilfried Vas. © Imagno Brandstätter Images / Wilfried Vas

S. 142
Blattdetail. © G+J Fotoservice, Hamburg

S. 143
Blüte einer Fackellilie *(Kniphosia)*. Photographie von Franz und Axel Hubmann. © Imagno Brandstätter Images / Franz Hubmann

S. 144/145
West Green House, Hampshire, England. Viktorianisches Freiluft-Gewächshaus für Beerenfrüchte. Photographie von Fritz von der Schulenburg. © The Interior Archive, London

S. 146
Schloß Nymphenburg, München, Deutschland. Photographie von Florian Monheim. © Bildarchiv Monheim

S. 147
Villa Lante, Bagnaia, Italien. Brunnen mit drei wasserspeienden Steinköpfen. Photographie von Simon McBride. © The Interior Archive, London

S. 148/149
Giverny, Frankreich. Der Seerosenteich in Claude Monets Garten. Photographie von Vivian Russell

S. 150/151
Jardin de Cactus, Guatiza, Lanzarote, Spanien. Kugelkakteen. Photographie von Erich Lessing. © Imagno Brandstätter Images / Erich Lessing

S. 152
La Majorelle, Marrakesch, Marokko. Blick über den Seerosenteich des hinter hohen Mauern verborgenen Kakteen- und Palmengartens. Ehemals im Besitz des französischen Malers Jacques Majorelle, der ihn in den 1920er Jahren anlegte, gehört Majorelle heute dem französischen Couturier Yves Saint-Laurent. Photographie von Dieter Zoern

S. 153
Seite aus dem arabischen Kitab al-Diryaq. Antidotarium aus dem 13. Jahrhundert mit außergewöhnlich schönen Miniaturen von Arzneikräutern und einer kunstvollen Kalligraphie

S. 154/155
Modernes Graslabyrinth in Kreisform. Design von Kathy Swift. Photographie von Andrew Lawson

S. 156/157
Garten von John Stefanidis (Privatgarten), London. Photographie von Christopher Simon Sykes. © The Interior Archive, London

S. 158 oben
Privatgarten in der Nähe von Porto Ercole, Italien, entworfen von Grazia Gazzoni. Photographie von Simon Upton. © The Interior Archive, London

S. 158 unten
Les Jardins d'Erik Borja (Privatgarten), Provence, Frankreich. Wellenförmig beschnittener Buchsbaum vor in Wolkenform beschnittenen Bäumen im japanischen Garten. Photographie von Deidi von Schaewen

S. 159
«Mißtraue der Idylle!». Blumenbild von André Heller für die Internationale Gartenschau in Berlin 1985. Photographie von Jürgen Sieckmeyer

S. 160/161
Veitshöchheim, Sommerschloß der Fürstbischöfe von Würzburg. Rokoko-Park, entstanden 1760–80, mit Skulpturen von Ferdinand Dietz und Johann Peter Wagner. Photographie von Franz Hubmann. © Imagno Brandstätter Images / Franz Hubmann

S. 162
Kakteenensemble in einem von Patrick Watson gestalteten Privatgarten in Südafrika. Photographie von Helen Fickling. © The Interior Archive, London

S. 163 oben
Fiberglasfigur von Judy Wiseman vor einem Schuppen mit Grasdach in einem Londoner Garten. © Marianne Majerus Photography

S. 163 unten
Pflanzenskulptur von Claude und François-Xavier Lalanne in einem Pariser Park. Photographie von Deidi von Schaewen

S. 164/165
Wörlitz bei Halle, Sachsen-Anhalt, Deutschland. Landschaftskunstwerk, zwischen 1765 und 1800 von Fürst Leopold III. von Anhalt-Dessau und seinem Architekten Friedrich Wilhelm von Erdmannsdorff geschaffen. Photographie von Florian Monheim. © Bildarchiv Monheim

S. 166/167
Festival International des Jardins 1999, Chaumont-sur-Loire, Frankreich. Gewächshaus von Edouard François und Duncan Lewis aus biegsamen Bambusstöcken für die seltene, hochempfindliche *Victoria regia*. Photographie von Deidi von Schaewen

S. 168
Tempel im Garten von Pulawy bei Lublin, Polen. Aquarell, um 1850. © Imagno Brandstätter Images / Gerhard Trumler

S. 169
Désert de Retz, Chambourcy, Frankreich. Pyramidenförmiges Eis-Haus, Ende des 18. Jahrhunderts von François Barbier gestaltet. Photographie von Erich Lessing. © Imagno Brandstätter Images / Erich Lessing

S. 170/171
Château de Hautefort, Périgord, Aquitaine, Frankreich. In Sonnenform geschnittene Hecken im französischen Parterre an der Südfassade der mittelalterlichen Burg. Photographie von Deidi von Schaewen

S. 172
«Gedenkstein für Kaiser Hadrian». Skulptur von Susanne Schmögner und André Heller im ehemaligen Villengarten von André Heller in Wien-Hietzing. Photographie von Franz und Axel Hubmann. © Imagno Brandstätter Images / Franz Hubmann

S. 173
Schloß Nieborów, Nieborów, Polen. Aquädukt im englischen Garten Arkadia von 1784. Photographie von Gerhard Trumler. © Imagno Brandstätter Images / Gerhard Trumler

S. 174/175
Comton End, Comton and Shawford, Hampshire, England. Photographie von James Mortimer. © The Interior Archive, London

S. 176
Les Jardins d'Erik Borja (Privatgarten), Provence, Frankreich. In Wellenform geschnittene Heckenkirsche, links eine toskanische, rechts eine Scheinzypresse. Photographie von Deidi von Schaewen

S. 177 oben
Chishaku-in Teichgarten, Kyoto, Japan. Photographie von Günter Nitschke

S. 177 unten
Joju-in Teichgarten, Kumamoto, Japan. Photographie von Günter Nitschke

S. 178/179
Mosaik aus Blüten. Photographien von Elfriede Mejchar und Wilfried Vas
S. 180
Giardino Botanico, Gardone Riviera, Italien. Pflanzenskulptur von André Heller. Photographie von Dagmar Landova. © Imagno Brandstätter Images / Dagmar Landova
S. 181
Sebastiano Serlios Entwürfe für geometrische Blumenbeete aus dem 16. Jahrhundert – eine frühe Inspirationsquelle für Parterres.
S. 182/183 oben
Florale Bordüre aus dem Stundenbuch der Herzogin von Bourgogne. Um 1450. © Musée Condé, Chantilly, Frankreich / Bridegeman Art Library
S. 182/183 unten
Lois Weinberger. Garten. 1991. Farbfotografie. 70 x 100 cm (Modell aus Lehm und Pflanzen, Original nicht mehr vorhanden). © Courtesy Galerie Martin Janda, Wien
S. 185/185
Clipsham Hall, Lincolnshire, England. «Yew Tree Avenue», 1870 erstmals von Amos Alexander als Topiaries beschnitten, mit etwa 150 Eiben, deren Formschnitt historische Ereignisse, Tiere etc. zeigen. Photographie von Derek St. Romaine
S. 186/187
Giardino Botanico, Gardone Riviera, Italien. Rosen und Rosenkugel mit Sonnenmotiv. Photographie von Fritz von der Schulenburg. © The Interior Archive, London
S. 188/189
Sutton Park, Sutton-on-the-Forest, York, North Yorkshire, England. Photographie von Christopher Simon Sykes. © The Interior Archive, London
S. 190
Blatt der Palme *Acrocomia spinosa.* Zeichnung aus dem Herbarium von Sir Hans Sloane, 1701, nach der Reise aus Jamaika 1687–89. © The Natural History Museum, London
S. 191
Laeken, Brüssel, Belgien. Königliche Gärten, Innenansicht des großen Wintergartens, 1876 von Alphonse Balat errichtet. Photographie von Christine Bastin und Jacques Evrard
S. 192/193
La Majorelle, Marrakesch, Marokko. Photographie von Kurt-Michael Westermann
S. 194/195
Jardin de Cactus, Guatiza, Lanzarote, Spanien. Photographie von Erich Lessing. © Imagno Brandstätter Images / Erich Lessing
S. 196
Detail eines hölzernen Gartenzauns. Photographie von Simone Andress
S. 197
Schützen, Burgenland, Österreich. Teich im Garten des Restaurants Taubenkobel. Photographie von Simone Andress
S. 198/199
Gärtner beim Waschen eines Blatts der *Victoria regia* (Riesenwasserlilie) im Teichbecken der Royal Botanical Gardens in London. 1929. © Imagno Brandstätter Images / Austrian Archives
S. 200
Sukkulenten. Photographie von Corinne Korda
S. 201
Alhambra, Granada, Spanien. Das von 12 Steinlöwen getragene Wasserbecken im Zentrum des Löwenhofs. Photographie von Kurt-Michael Westermann
S. 202
Marrakesch, Marokko. Garten des Restaurants Dar-el-Yacout. Photographie von Kurt-Michael Westermann
S. 203
Blaue Blüte im Grün. Photographie von Kurt-Michael Westermann
S. 204/205
Wassertropfen
S. 206
Giovanni's Garden. Graz. Gartenskulptur von Hudi Kraxner. 2001. Photographie von Stefan Emsenhuber
S. 207
Oskar Kokoschka. Mädchen mit Vogel. Farblithographie. Wiener Werkstätte-Postkarte No. 76. Um 1907/08. © Oskar Kokoschka / VBK, Wien, 2002
S. 208
Amaryllis (Ritterstern). Photographie von Carina Landau
S. 209
Korallengarten vor der Küste von Papua-Neuguinea. Photographie von Manfred Wakolbinger
S. 210
Gartenweg in einem von Patrick Watson gestalteten Privatgarten in Südafrika. Photographie von Helen Fickling. © The Interior Archive, London
S. 211
Japanischer Kiesgarten, Kyoto, Japan. Photographie von Andrew Wood. © The Interior Archive, London
S. 212
Giardino Botanico, Gardone Riviera, Italien. Rondeau aus Holz und Stein. Photographie von Fritz von der Schulenburg. © The Interior Archive, London
S. 213
Blätterwald. Photographie von Simone Andress
S. 214/215
Kinkaku-ji Tempel. Tempelhain, Japan. Wurzelwerk eines Baumes. Photographie von Erich Lessing. © Imagno Brandstätter Images / Erich Lessing
S. 216
Westbury Court Garden, Westbury-on-Severn, Gloucestershire, England. Obstspalier mit alter Apfelsorte an der Mauer. Photographie von Fritz von der Schulenburg. © The Interior Archive, London
S. 217
Giuseppe Arcimboldo. Frühling, Allegorie. Öl auf Leinwand. 1573. Louvre, Paris, Frankreich. Photographie von Erich Lessing. © Imagno Brandstätter Images / Erich Lessing
S. 218/219
Sacro Bosco, Bomarzo, Italien. Die schlafende Nymphe. Photographie von Nikolaus Similache
S. 220
Bali, Indonesien. Seerosenteich in einem Garten. Photographie von Luca Tettoni. © Luca Tettoni Photography
S. 221
Giardino di Ninfa, nahe Latina, Italien. Bambushain. Photographie von Simon McBride. © The Interior Archive, London
S. 222/223
Kirstenbosch-Garten, Kapstadt, Südafrika. Photographie von Kurt-Michael Westermann
S. 224
Ranunkel *(Ranunculus).* Photographie von Simone Andress

S. 225
Giardino Botanico, Gardone Riviera, Italien. Das Kinderhaus, bemalt von Edgar N. Tezak. Photographie von Fritz von der Schulenburg. © The Interior Archive, London
S. 226/227
Château de Villandry, Indre-et-Loire nahe Tours, Frankreich. Blick über die Ziergärten. Photographie von Wilfried Vas. © Imagno Brandstätter Images / Wilfried Vas
S. 228
Giardino Botanico, Gardone Riviera, Italien. Photographie von Franz Hubmann. © Imagno Brandstätter Images / Franz Hubmann
S. 229
«Eine alltägliche Begegnung». Aquarell von André Heller. 1993
S. 230/231
Shute House, Wiltshire, England. Töne erzeugende Wasserkaskaden, entworfen von Geoffrey Jellicoe. Photographie von Hugh Palmer
S. 232/233
Château de Villandry, Indre-et-Loire nahe Tours, Frankreich. Detail aus dem Jardin d'Ornement mit in Form geschnittenen Buchsbaumhecken. Photographie von Wilfried Vas. © Imagno Brandstätter Images / Wilfried Vas
S. 234/235
Alhambra, Granada, Spanien. Torre de las Damas in den Partalgärten. Photographie von Kurt-Michael Westermann
S. 236
Dachgarten von Julia Kospach, Wien, Österreich. Rosenkraut *(Pelargonium x graveolens)*, dahinter rote Zinnien. Photographie von Julia Kospach
S. 237
Fanzolo di Vedelago, Treviso, Italien. Steinerne Gartenskulptur in Form einer Ente in der Villa Emo von Andrea Palladio. Photographie von Ruth Wegerer
S. 238/239
Folly Farm, Berkshire, England. Garten aus dem frühen 20. Jahrhundert, gestaltet von Gertrude Jekyll. Photographie von Christopher Simon Sykes. © The Interior Archive, London
S. 240/241
Schloß Hellbrunn, Salzburg, Österreich. Venusgrotte. Zwei steinerne Schildkröten, die über einen kleinen Bach durch einen Wasserstrahl verbunden sind. 1. Viertel des 17. Jahrhunderts. Photographie von Erich Lessing. © Imagno Brandstätter Images / Erich Lessing
S. 242
Rosentrio. Photographie von Corinne Korda
S. 243
El Greco. Mariae Himmelfahrt. Detail. Öl auf Leinwand. Um 1613. Museo de Santa Cruz, Toledo, Spanien. Photographie von Erich Lessing. © Imagno Brandstätter Images / Erich Lessing
244/245
The Beth Chatto Gardens of Unusual Plants, Colchester, Essex, England. Photographie von Simon McBride. © The Interior Archive, London
S. 246/247
Il Giardino di Daniel Spoerri, Seggiano, Italien. Skulptur. Photographie von Nikolaus Similache
S. 248/249
Hölzerner Gartenzaun mit Dahlien. Photographie von Simone Andress
S. 250
Sacro Bosco, Bomarzo, Italien. Fuß der Nymphe. Photographie von Erich Lessing. © Imagno Brandstätter Images / Erich Lessing
S. 251
Englischer Privatgarten, gestaltet von Christopher Gibbs. Photographie von Fritz von der Schulenburg. © The Interior Archive, London
S. 252/253
Weiße und lila Marienglockenblumen *(Campanula medium)*. Photographie von Corinne Korda
S. 254/255
Unter Naturschutz stehende Riesenkastanie mit einem Kronenumfang von fast 90 Metern in einem Park von Hitzacker an der Elbe. Um 1930. © Imagno Brandstätter Images / Austrian Archives
S. 256/257
Sukkulenten auf einem Stein in einem Privatgarten in Graz, Österreich. Photographie von Thelma Herzl
S. 258
Physocalyx aurantiacus. Aus: «Plantarum Brasiliae icons» von Johann Emanuel Pohl. Wien 1826–33. © Bildarchiv der Österreichischen Nationalbibliothek, Wien
S. 259
Lois Weinberger. Portable Garden. 1994/2000. Kunststofftaschen mit Heil-, Gift-, Nutz- und Zierpflanzen. Installationsansicht. Courtsey Galerie Martin Janda, Wien
S. 260
Giverny, Frankreich. Die japanische Brücke in Claude Monets Garten, bedeckt von blühenden weißen Glyzinen *(Wisteria sinensis «Alba»)*. Photographie von Vivian Russell
S. 261
Rhododendronblüten. Photographie von Carina Landau
S. 262/263
Stourhead, Wiltshire, England. Blick über den See. Photographie von Christopher Simon Sykes. © The Interior Archive, London
S. 264/265
Palazzo Farnese, Caprarola bei Viterbo, Italien. Steinerne Brüstung mit verbundenen Wasserbecken. Photographie von Simon McBride. © The Interior Archive, London
S. 266
Paul Klee. Ara. Kühlung in einem Garten der heißen Zone. Feder, aquarelliert. 1924. © Kupferstichkabinett, Basel / Hans Hinz / Artothek
S. 267
Blüte einer Protea. Photographie von Kurt-Michael Westermann
S. 268/269
Elsing Hall, Norfolk, England. Rosenüberranktes Dach eines Gartenpavillons. Photographie von Simon McBride. © The Interior Archive, London
S. 270/271
Crowe Hall, Bath, Somerset, England. Winterliche Gartenansicht. Photographie von Simon McBride. © The Interior Archive, London
S. 272
Goodwood, Chichester, West Sussex, England. Detail der Muschelgrotte. Photographie von Jacques Dirand. © The Interior Archive, London
S. 273
Goodwood, Chichester, West Sussex, England. Die Muschelgrotte.

Photographie von Jacques Dirand. © The Interior Archive, London
S. 274
Zum Schutz gegen die Winterkälte mit Stoffplanen umwickelte Palmen in einem englischen Garten. Um 1930. © Imagno Brandstätter Images /Austrian Archives
S. 275
West Green House, Hampshire, England. Photographie von Fritz von der Schulenburg. © The Interior Archive, London
S. 276/277
Thomas Ender. Wiener Gartenlandschaft mit Gewächshaus und Parkbank, im Hintergrund der Leopoldsberg. Aquarell. Um 1840. © Courtesy Galerie Hassfurther, Wien
S. 278/279
Rock Garden des Nek Chand Saini, Chandigarh, Indien. Skulpturengruppe im Wasserfall. © Dinodia
S. 280
Paul Cézanne. Medan, château et village. Öl auf Leinwand. Um 1885. Photographie von Erich Lessing. © Imagno Brandstätter Images / Erich Lessing
S. 281
Schloßpark Sanssouci, Potsdam, Deutschland. Photographie von Fritz von der Schulenburg. © The Interior Archive, London
S. 282/283
Botanischer Garten, Monte bei Funchal, Madeira, Portugal. Photographie von Wilfried Vas. © Imagno Brandstätter Images / Wilfried Vas
S. 284
Englisches Gartenhaus. Photographie von Christopher Simon Sykes. © The Interior Archive, London
S. 285
Stamm der Kaukasischen Flügelnuß *(Pterocarya fraxinifolia)*. Photographie von Fritz von der Schulenburg. © The Interior Archive, London
S. 286
Giardino di Ninfa, nahe Latina, Italien. Eine Reihe kleiner Wasserfälle. Photographie von Simon McBride. © The Interior Archive, London
S. 287
Schloß Sanssouci, Potsdam, Deutschland. Blick auf den Park. Photographie von Fritz von der Schulenburg. © The Interior Archive, London
S. 288/289
Giardino Botanico, Gardone Riviera, Italien. Holzskulptur einer Gottesanbeterin. Photographie von Dagmar Landova. © Imagno Brandstätter Images / Dagmar Landova
S. 290
Iford Manor, Bradford-on-Avon, Wiltshire, England. Steinerne Hundeskulptur. Photographie von Simon McBride. © The Interior Archive, London
S. 291
Elsing Hall, Norfolk, England. Teichlandschaft. Photographie von Simon McBride. © The Interior Archive, London
S. 292/293
Giardino dei Tarocchi, Capalbio, Toskana. «Die Kaiserin». Skulptur in Gestalt einer Sphinx im Garten der Bildhauerin Niki de Saint-Phalle. Photographie von Deidi von Schaewen
S. 294/295
Isfahan, Iran. Wasserbecken im Garten vor der in den Jahren 1655–64 im persisch-armenischen Stil erbauten christlichen Vank- oder Erlöserkathedrale. Photographie von Kurt-Michael Westermann
S. 296/297
Tränendes Herz *(Dicentra spectabilis)*. Photographie von Andrea Buchner und Wolfgang Hofbauer / Heller Werkstatt
S. 298/299
Giardino Botanico, Gardone Riviera, Italien. Seerosenteich mit blühendem Rhododendron. Photographie von Franz und Axel Hubmann. © Imagno Brandstätter Images / Franz Hubmann
S. 300
Strelitzia depicta. Aquarell von Franz Bauer. 1818. © Bildarchiv der Österreichischen nationalbibliothek, Wien
S. 301
Nottinghamshire, England. Wintergarten von Miles Thoroton Hildyard. Photographie von Fritz von der Schulenburg. © The Interior Archive, London
S. 302/303
Giardino Botanico, Gardone Riviera, Italien. Skulptur von Keith Haring. Photographie von Dagmar Landova. © Imagno Brandstätter Images / Dagmar Landova
S. 304/305
Seerose *(Nymphaea)*. Photographie von Corinne Korda
S. 306
Dawnridge, Beverly Hills, Kalifornien, USA: Ein mit Geweihen geschmückter Pavillon im Garten von Tony Duquette. Photographie von Tim Street-Porter
S. 307
Blatt einer Papageienvogelblume *(Strelitzia reginae Aiton)*. Photographie von Simone Andress
S. 308
Rampisham, Dorset, England: «Der schlafende Mann». Design von George Wright. Photographie von George Wright
S. 309
Palazzo Farnese, Caprarola bei Viterbo, Italien. Detail eines Brunnens. Photographie von Simon McBride. © The Interior Archive, London
S. 310/311
Friedhof-Garten, Tulcan, Ecuador. Formschnittbogen aus Zypressen mit kunstvollen Reliefs. Photographie von Tony Morrison. © South American Pictures
S. 312
Henri Rousseau. La charmeuse des serpents. Detail. Öl auf Leinwand. 1907. Musée d'Orsay, Paris, Frankreich. Photographie von Erich Lessing. © Imagno Brandstätter Images / Erich Lessing
S. 313
Klee *(Trifolium)*. Photographie von Simone Andress
S. 314/315
Schloß Nordkirchen bei Münster, Westfalen, Deutschland. Photographie von Franz Hubmann. © Imagno Brandstätter Images / Franz Hubmann
S. 316/317
Würzburg, Deutschland. Hofgarten der Residenz. Photographie von Franz Hubmann. © Imagno Brandstätter Images / Franz Hubmann
S. 318/319
Blüte der Nadelkissenprotea. Photographie von Kurt-Michael Westermann
S. 320/321
Einsetzen einer ausgewachsenen Esche mit großem Wurzelballen mit Hilfe

eines kleinen Caterpillars in einem neuanzulegenden Garten in den USA. Um 1930. © Imagno Brandstätter Images / Austrian Archives

S. 322/323
Würzburg. Allee im Hofgarten der Residenz, Ende des 18. Jahrhunderts von Johann Prokop Mayer angelegt, mit klassizistischen Gartenskulpturen von Johann Peter Wagner. Photographie von Franz Hubmann. © Imagno Brandstätter Images / Franz Hubmann

S. 324
Japanischer Garten, Kyoto, Japan. Photographie von Andrew Wood. © The Interior Archive, London

S. 325
Würzburg. Hofgarten der Residenz. Photographie von Franz Hubmann. © Imagno Brandstätter Images / Franz Hubmann

S. 326
Fingerhut *(Digitalis purpurea)*. Photographie von Simone Andress

S. 327
Moor Crichel, Dorset, England. Detail eines Gewächshauses. Photographie von Fritz von der Schulenburg. © The Interior Archive, London

S. 328/329
Il Giardino di Daniel Spoerri, Seggiano, Italien. Skulptur. Photographie von Nikolaus Similache

S. 330/331
Jan Brueghel der Jüngere. Allegorie des Frühlings (Flora im Blumengarten). Öl auf Leinwand. Um 1660. Bayerische Staatsgemäldesammlungen, München. © Artothek (Photo: Blauel / Gnamm)

S. 332
Garten von Richard Tang, Hongkong, China. Bonsai. Photographie von Fritz von der Schulenburg. © The Interior Archive, London

S. 333
Sanspareil bei Bayreuth, Deutschland. Photographie von Fritz von der Schulenburg. © The Interior Archive, London

S. 334/335
Daylesford House, Cotswolds, Gloucestershire, England. Orangerie, 1790 von John Davenport errichtet, am Ufer eines künstlich angelegten Sees. Photographie von Christopher Simon Sykes. © The Interior Archive, London

S. 336
Schildkrötenskulpturen von Claude und François-Xavier Lalanne mit Panzermustern aus Sukkulenten. Photographie von Deidi von Schaewen

S. 337
Sonnenhüte *(Rudbeckia)*. Photographie von Simone Andress

S. 338/339
Giardino Botanico, Gardone Riviera, Italien. Blühender Rosenstrauch. Photographie von Dagmar Landova. © Imagno Brandstätter Images / Dagmar Landova

S. 340
Paul Klee. Gartenlandschaft. 1918. Öl auf Karton. © Artothek / Hans Hinz / Dr. Paul Sacher, Pratelln, Schweiz

S. 341
Blätter einer Funkie *(Hosta)*. Photographie von Carina Landau

S. 342/343
Schloß Linderhof bei Ettal, Bayern, Deutschland. Schloßpark. Photographie von Franz Hubmann. © Imagno Brandstätter Images / Franz Hubmann

S. 344
Titelseite von Maria Sibylla Merians «Neues Blumenbuch». Nürnberg 1680

S. 345
Artischocke *(Cynara)*. Photographie von Erich Lessing. © Imagno Brandstätter Images / Erich Lessing

S. 346/347
The Manor House, Upton Grey, Hampshire, England. Garten, von Gertrude Jekyll 1908 angelegt. Photographie von Christopher Simon Sykes. © The Interior Archive, London

S. 348/349
La Foce bei Pienza, Toskana, Italien. Privatgarten aus den 20er Jahren des 20. Jahrhunderts. Photographie von Simon McBride. © The Interior Archive, London

S. 350/351
Swarovski Kristallwelten, Wattens, Tirol, Österreich. Heckenlabyrinth in Form einer Hand von André Heller. 1995. © Swarovski Kristallwelten, Wattens / H. Steiger

S. 352/353
Mosaik aus Blüten. Photographien von Elfriede Mejchar und Wilfried Vas

S. 354/355
Im Park der Villa d'Este, Tivoli, Italien. Photographie von Walter Vogel.

S. 356
Queretaro, Mexiko. Parque Municipal del Cerro de las Campanas, in dem Kaiser Maximilian von Mexiko 1867 erschossen wurde. Photographie von Manfred Kostal

S. 357
Tulpen *(Tulipa)*. Photographie von Wilfried Vas. © Imagno Brandstätter Images / Wilfried Vas

S. 358
Dawnridge, Beverly Hills, Kalifornien, USA. Skulptur im Garten von Tony Duquette. Photographie von Tim Street-Porter

S. 359
Korallengarten vor der Küste von Wakatobi, Indonesien. Photographie von Manfred Wakolbinger

S. 360/361
Veitshöchheim, Bayern, Deutschland. Sommerschloß der Fürstbischöfe von Würzburg. Photographie von Franz Hubmann. © Imagno Brandstätter Images / Franz Hubmann

S. 362/363
Villa Lante, Bagnaia, Italien. Brunnen des Regens (oder der Sintflut). Photographie von Christopher Simon Sykes. © The Interior Archive, London

S. 364/365
Schwarzenberggarten, Wien-Pötzleinsdorf, Österreich. Photographie von Franz Hubmann. © Imagno Brandstätter Images / Franz Hubmann

S. 366/367
Versailles, Frankreich. Schloßpark. © Bildagentur Pix, Wien

S. 368
Hibiscusblüte. Photographie von Carina Landau

S. 369
Giardino Botanico, Gardone Riviera, Italien. Skulptur von Keith Haring. Photographie von Dagmar Landova. © Imagno Brandstätter Images / Dagmar Landova

S. 370/371
Rittersporn *(Delphinium)*. Photographie von Fritz von der Schulenburg. © The Interior Archive, London

S. 372/373
Long Gores, Norfolk, England. Byzantinischer Adler-Teich, von

Marietta Pallis 1953 gestaltet. © London Arial Photo Library, London

S. 374/375
: Stourhead, Wiltshire, England. Blick über den See auf den runden Tempel des Apoll. Photographie von Christopher Simon Sykes. © The Interior Archive, London

S. 376
: Schloß Sanssouci, Potsdam, Deutschland. Chinesisches Teehaus. Photographie von Christopher Simon Sykes. © The Interior Archive, London

S. 377
: Hieronymus Bosch. Adam und Eva. Vertreibung aus dem Paradies. Detail. Öl auf Holz. Um 1505. Akademie der bildenden Künste, Wien. Photographie von Erich Lessing. © Imagno Brandstätter Images / Erich Lessing

Schutzumschlag

Vorderseite

Oben links
: Swarovski Kristallwelten, Wattens, Österreich. Eingang in Form eines efeuüberwachsenen, wasserspeienden Kopfes mit leuchtenden Kristallaugen, entworfen von André Heller. Photographie von Margherita Spiluttini. © Daniel Swarovski, Wattens

Oben Mitte
: Hieronymus Bosch. Adam und Eva. Vertreibung aus dem Paradies. Detail. Öl auf Holz. Um 1505. Akademie der bildenden Künste, Wien. Photographie von Erich Lessing. © Imagno Brandstätter Images / Erich Lessing

Oben rechts
: Bali, Indonesien. Seerosenteich in einem Garten. Photographie von Luca Tettoni. © Luca Tettoni Photography

Mitte links
: La Majorelle, Marrakesch, Marokko. Der Obergärtner im Bambuswäldchen von Majorelle. Photographie von Dieter Zoern

Zentrum
: Blüte. Photographie von Carina Landau

Mitte rechts
: Ellison Residence, San Francisco, USA. Gartendesign von Ron Herman aus in Stufen angelegten Bronzewürfeln mit Moos und Steinen. Photographie von Mark Schwartz

Unten links
: Desert Breath. (Atem der Wüste), El Ghouna, Ägypten: Installation der Künstlerinnengruppe D.A.ST. arteam aus dem Jahr 1997. Zwei ineinandergreifende Spiralen aus Sandkegeln. Der Entwurf entstand aus der Beobachtung, wie sehr sich der vom Wind bewegte Sand kegelförmig um die Stengel heimischer Pflanzen legt. © D.A.ST. arteam 1997

Unten Mitte
: Stourhead, Wiltshire, England. Blick über den See auf den runden Tempel des Apoll. Photographie von Christopher Simon Sykes. © The Interior Archive, London

Unten rechts
: «Constance Spry». Photographie von Fritz von der Schulenburg

Rückseite
: Blumengirlanden, Indien. Photographie von Bruce Chatwin. Um 1980. © Bruce Chatwin / Michael Trevillion

BIBLIOGRAPHIE

Ackerman, Diane: *Die Seele meines Gartens.* München 2000

d'Arnoux, Alexandra/Bruno de Laubadère: *Secret Gardens of Paris.* London 2000

Babelon, Jean-Pierre et al.: *Classic Gardens. The French Style.* London 2000

Bacon, Francis: *Essays.* Ditzingen 1970

Bay, Philip de/James Bolton: *Gartenkunst im Spiegel der Jahrhunderte.* München 2000

Billington, Jill: *New Classic Gardens.* London 2000

Blossfeldt, Karl: *Urformen der Kunst, Wundergarten der Natur.* Schirmer/Mosel 1994

Borchardt, Rudolf: *Der leidenschaftliche Gärtner.* Nördlingen 1987

Borja, Erik: *Japanische Gärten.* München 2000

Brown, Jane: *The Modern Garden.* London 2000

Dies.: *The Pursuit of Paradise. A Social History of Gardens and Gardening.* London 1999

Candolini, Gernot: *Das geheimnisvolle Labyrinth.* Augsburg 1999

Capek, Karel: *Das Jahr des Gärtners.* Berlin 2001

Chatto, Beth: *Der Kiesgarten.* Stuttgart 2000

Cooper, Guy/Gordon Taylor: *Gärten für morgen.* Stuttgart 2000

Decker-Hauff, Hansmartin: *Gärten und Schicksale.* Stuttgart 1992

Elliott, Brent: *Flora.* München 2001

Fagiolo, Marcello/Roberto Schezen: *Römische Villen und Gärten in Latium.* München 1997

Fairbairn, Neil: *A Brief History of Gardening.* Emmaus, PA 2001

Frischmuth, Barbara: *Fingerkraut und Feenhandschuh.* Berlin 1999

Das Gartenbuch. Berlin 2002

Gartenkunst. Bilder und Texte von Gärten und Parks. Wien 2002

Gothein, Marie Luise: *Gartenkunst.* Jena 1926

Griffith, Mark: *A Century in Photographs – Gardening 1900–2000.* London 2000

Hajos, Beatrix: *Die Schönbrunner Schloßgärten.* Wien 1995

Hantelmann, Christa von: *Gärten des Orients.* Köln 1999

Günther, Harri (Hg.): *Gärten der Goethezeit.* Leipzig 1993

Heller, André: *Bilderleben.* Wien 2000

Ders.: *Die Zaubergärten des André Heller.* Wien 1998

Hinrichs, Gunda: *Der heilige Wald von Bomarzo.* Berlin 1996

Hobhouse, Penelope: *Illustrierte Geschichte der Gartenpflanzen.* Bern 1999

Hofmannsthal, Hugo von: *Gärten.* In: *Gesammelte Werke. Reden und Aufsätze I. 1891–1913.* Frankfurt 1979

Holmes, Caroline (Hg.): *Gartenkunst! Die schönsten Gärten der Welt.* München 2001

Jarman, Derek: *Derek Jarmans Garten.* Berlin 1996

Jellicoe, Geoffrey & Susan et al.: *The Oxford Companion to Gardens.* Oxford 1986

Joyce, David: *Topiary and the Art of Training Plants.* London 1999

Karahasan, Dzevad: *Das Buch der Gärten. Grenzgänge zwischen Islam und Christentum.* Frankfurt a. M. 2002

Kluckert, Ehrenfried: *Gartenkunst in Europa. Von der Antike bis zur Gegenwart.* Köln 2000

Lack, Walter H.: *Ein Garten Eden. Meisterwerke der botanischen Illustration.* Köln 2001

Lord, Tony: *Sissinghurst. Der schönste Garten Englands.* Köln 2002

Merian, Maria Sibylla: *Neues Blumenbuch.* München 1999

Montaigne, Michel de: *Tagebuch der Reise nach Italien über die Schweiz und Deutschland.* Hrsg. u. neu übersetzt von Hans Stilett. Frankfurt a. M. 2002

Nitschke, Günter: *Japanische Gärten.* Köln 1993

Norer, Günther: *Der chinesische Garten.* Wien (o. J.)

Orsenna, Erik: *Porträt eines glücklichen Menschen. Der Gärtner von Versailles.* München 2001

Page, Russell: *The Education of a Gardener.* London 1994

Pizzoni, Filippo: *Kunst und Geschichte des Gartens.* Stuttgart 1999

Plumptre, George: *The Water Garden. Styles, Designs and Visions.* London 1993

Quest-Ritson, Charles: *The English Garden. A Social History.* London 2001

Russell, Vivian: *Monets Giverny. Der schönste Garten Frankreichs.* Köln 2002

Sackville-West, Vita: *Mein Garten.* Frankfurt 1998

Dies./Harold Nicolson: *Sissinghurst.* Frankfurt a. M. 1997

Sager, Peter: *Englische Gartenlust. Von Cornwall bis Kew Gardens.* Frankfurt a. M. 1999

Saint-Phalle, Niki de: *Der Tarot-Garten.* Wabern-Bern 2000

Sarkowicz, Hans: *Die Geschichte der Gärten und Parks.* Frankfurt a. M. 1998

Schnack, Friedrich: *Traum vom Paradies. Kulturgeschichte des Gartens.* Bertelsmann Buchclub (o. J.)

Seehafer, Klaus (Hg.): *Im Laub ein leis Geflüster. Romantische Gartenlust.* Berlin 2001

Sendak, Maurice: *Wo die wilden Kerle wohnen.* Zürich 1967

Smit, Tim: *The Lost Gardens of Heligan.* London 1997

Taylor, Gordon/Guy Cooper: *Moderne Paradiese. Private Gärten unserer Zeit.* Stuttgart 1997

Trotha, Hans von: *Der Englische Garten.* Berlin 1999

Valéry, Marie-Françoise: *Jardins du Moyen Age.* Brüssel 2001

Dies.: *Gärten in Frankreich.* Köln 1997

Der verzauberte Blick. Das Naturbild berühmter Expeditionen aus drei Jahrhunderten. München 1999

Weilacher, Udo (Hg.): *Zwischen Landschaftsarchitektur und Land Art .* Basel 1996

Weinberger, Lois: *Katalog.* Wien 2002

Wintersberger, Astrid (Hg.): *Der Garten und sein Mensch. Schriftsteller über ihre Leidenschaft.* Salzburg 2001

Zuylen, Gabrielle van: *The Garden. Visions of Paradise.* London 1995

REGISTER

Gärten, Schlösser, Parks

Personen

Orte, Länder

Impressum

Die Deutsche Bibliothek - CIP-Einheitsaufnahme
Ein Titelsatz für diese Publikation ist bei
Der Deutschen Bibliothek erhältlich.

2. Auflage
April 2007

Gestaltung: Julia Kospach, André Heller, Stefan Fuhrer
Bildrecherche: Julia Kospach, André Heller, Helmut Maurer
Lektorat: Barbara Sternthal
Herstellung: Franz Hanns
Reproduktion der Abbildungen: Pixelstorm, Wien
Druck: Grasl Druck & Neue Medien, 2540 Bad Vöslau
Gesetzt wurde aus der Baskerville und der Gill Sans.

Seite 20: *Talmud* zit. in: Diane Ackermann: *Die Seele meines Gartens.* Europa Verlag, 2002
Seite 20: Dzevad Karahasan: *Das Buch der Gärten. Grenzgänge zwischen Islam und Christentum.* Insel, 2002
Seite 20: Blaise Pascal, zit. in: Friedrich Schnack: *Traum vom Paradies. Kulturgeschichte des Gartens.* Bertelsmann Buchclub o. J.
Seite 21 & Seite 384: Derek Jarman: *Derek Jarmans Garten.* 1995
Seite 21: Karel Capek: *Das Jahr des Gärtners.* Aufbau Verlag, 2001
Seite 40: Hugo von Hofmannsthal: *Gärten.* In: *Gesammelte Werke. Reden und Aufsätze I. 1891–1913.* Fischer 1979
Seite 40: Rudolf Borchardt: *Der leidenschaftliche Gärtner.* Eichborn/Die andere Bibliothek, 1987
Seite 70 f.: Barbara Frischmuth: *Fingerkraut und Feenhandschuh.* Aufbau Verlag, 1999
Seite 72: Maurice Sendak: *Wo die wilden Kerle wohnen.* Diogenes, 1967
Seite 380: Vivian Russel: *Monets Giverny. Der schönste Garten Frankreichs.* Monte bei DuMont, 2002
Seite 382: Michel de Montaigne: *Tagebuch der Reise nach Italien über die Schweiz und Deutschland von 1580 bis 1581.* Hrsg. u. neu übers. von Hans Stilett, Eichborn, 2002
Seite 383: Udo Weilacher: *Lyrik in ungebändigter Wildnis – Ian Hamilton Finlay.*
In: Udo Weilacher: *Zwischen Landschaftsarchitektur und Land Art.* Birkhäuser, 1996

ISBN 978-85498-189-3

Christian Brandstätter Verlag
GmbH & Co KG
A-1080 Wien, Wickenburggasse 26/3
Telefon (+43-1) 512 15 43-0
Telefax (+43-1) 512 15 43-231
E-Mail: info@cbv.at
www.cbv.at

plant